発刊にあたって

　当協会が毎月発行している機関紙『ほのお』の「消防最前線」は、消防という二文字を背負い、消防道を邁進して、萎えることのない雄姿と、これらの根幹をなす消防組織や現場活動の様子を全国の消防職員の皆様に紹介することをテーマに、昭和55年に掲載が始まりました。

　これまで39年間の長きにわたり、全国各地の消防が直面した特異災害の発生・被害状況や現場の活動内容、今後の課題などを余すところなく体験者に執筆いただき、全国の皆様のもとにお届けしてきました。

　掲載当初の昭和50年代は全国で年間約6万件の火災が発生していましたが、近年は4万件を下回る件数で推移し、消防隊員が実火災の経験を積む機会が減少しています。

　そこで当協会では、これまで「消防最前線」にご寄稿いただいた全国の消防本部にご協力いただき、火災における消防活動の実践的教養書として本書『全国の実例から学ぶ消防活動事例集【消防最前線 火災編】』を発刊するにいたりました。

　本書では、各火災における119番通報から出動、現場到着時の火災状況や消火活動の概要、さらには事例を通しての検討・推奨事項が、写真や部署図といった参考資料を交えて紹介されています。

　現場指揮者をはじめ、火災現場に出動するすべての消防隊員にとって有益で貴重な資料であり、各消防本部が経験した火災事例から数多くのことが学べるはずです。

　本書が消防活動に従事する皆さんの必携として、また、教育・研修資料として広く活用され、さらには火災現場での消防活動に伴う受傷事故の根絶に貢献することを念願するものであります。

　令和2年3月

　　　　　　　　　　一般財団法人全国消防協会　会長　安藤　俊雄

目　　次

林 野 火 災

車 両 等 火 災

そ の 他 火 災

01 中山間地域における木造住宅火災

災害概要

　水利確保及び車両の進入が困難な中山間地域での木造建物火災において、自然水利を活用し火災を鎮火した事例である。

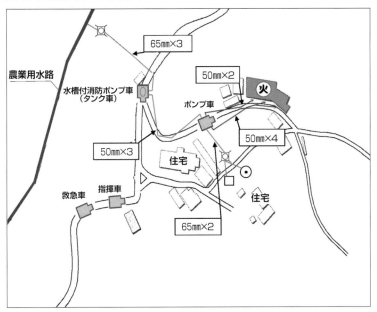

65mm×3
50mm×2
農業用水路
水槽付消防ポンプ車（タンク車）
ポンプ車
火
50mm×2
50mm×4
50mm×3
住宅
救急車　指揮車
住宅
65mm×2

図1−1　活動図

覚　　知	平成27年1月某日18時12分
気　　象	天候＝雪、風向＝北西、風速＝3m/s、気温＝1℃、湿度＝97%
発生場所	木造2階建て一般住宅
出 動 隊	消防署車両11台、消防団車両8台、消防職員34名、消防団員48名
受 傷 者	2名

　火災現場は、村内を走る主要幹線道路から東へ進入した集落の一角にあり、北側は山林、南側は傾斜地に広がる田畑に囲まれている。
　水利状況は、火災現場から半径140m以内に公設消火栓が1基、公設防火水槽（20㎥）が1基設置されている。
　火災時は、積雪と路面凍結という気象条件が加わった。

なお、通報は、火災を発見した隣人が携帯電話で行った。
　現場に至る道路は 狭 隘で大型消防車両が進入できず、出動隊の半数は出火建物
から約500m離れた位置に車両部署した。
　出火建物は、木造2階建ての一般住宅で、現場到着時、火災は既に最盛期に達し
ており、建物全体に火がまわり2階の壁は焼け落ちていた。

活動概要

　管轄署のポンプ隊が出動途上で黒煙を確認した。火災現場は水利が乏しい地域であ
り、消火活動は困難が予想されることから第二出動を要請した。
　現場付近で通報者の男性と家人に接触、女性が逃げ遅れているとの情報を得た。
　先着のポンプ隊は、道路狭隘のため出火建物の50m西側に部署し、消火栓から吸水す
るも、高低差が大きく消火栓の圧力も低いことから、十分な水量を得られなかった。ま
た、活動空間も出火建物の前面に限られていたため有効な消火活動ができないと判断
し、隣接建物への延焼防止を主眼に活動を開始した。
　しかし、消火栓からの吸水だけでは筒先を1口しか配置できず、最盛期の火災に対し
て圧倒的に劣勢な消防活動を強いられた。さらに、後続のタンク隊が積雪と道路狭隘に
より現場到着が困難であったことから、放水を行える消防車両はポンプ車1台に限られ
た。
　18時45分頃に公設防火水槽に部署した消防団がポンプ隊へ補水を行ったことで筒先2
口での放水が可能となり、活動を延焼防止から母屋への消火活動に転換した。
　同時に、火勢と防火水槽の水量を考慮し、更なる消火用水の確保を消防団に要請した。
　19時30分頃に消防団が火災現場西側の農業用水路から取水、水槽付消防ポンプ車（タ
ンク車）を経由した遠距離送水でポンプ隊へ補水を行った。これにより筒先1口を新た
に増強し、合計3口による多方向からの放水が可能となったことで火勢は弱まり始めた。
　その後、障害物の除去と並行し消火活動を継続、火勢鎮圧後、建物中央付近で逃げ遅
れ者を発見した。

写真1-1　鎮火後の状況

写真1-2　出火建物と道路の状況

3

写真1-3　火災現場付近

第二出動	18時21分
火勢鎮圧	21時55分
鎮　　火	22時50分
焼損状況	全焼1棟（木造2階建　焼損面積188㎡）、半焼1棟（木造平屋建　焼損面積51㎡）

所見

　本事例は、水利や道路の状況により放水可能車両が制限され、消火活動に困難を来した火災であったが、当消防局と地元消防団が地域の特性を共有し連携したことにより補水体制をスムーズに確立することができた。

02 住宅密集地で発生した木造住宅の延焼火災

災害概要

住宅密集地で発生した木造住宅の延焼火災である。

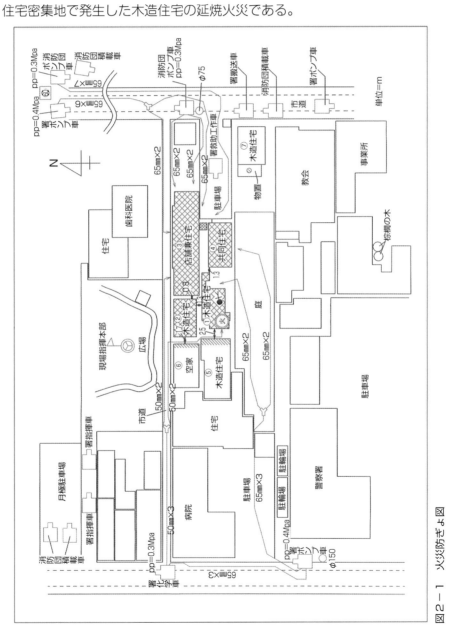

図2-1 火災防ぎょ図

5

覚　　　知	平成27年1月某日15時54分
気　　　象	天候＝曇、風向＝北西、風速＝3m/s、気温＝8℃、湿度＝71%、注意報等＝なし
発生場所	木造2階建て一般住宅
出　動　隊	化学車1台、ポンプ車3台、指揮車2台、救助工作車1台、消防職員26名、消防団員80名
受　傷　者	1名（死者）

　現場は、直近の消防署から北に約1km離れた、商店が立ち並ぶ街区内の市道から入った木造住宅である。付近には消火栓及び防火水槽が多数あり、水利状況は良好である。

　発見者は市道を歩行中、街区内からの多量の煙と臭いに気付き携帯電話で通報した。

活動概要

　直近の消防署から、化学車、ポンプ車の各1台で出動した。間もなく「建物火災炎上中」の第2報を受けると同時に、前方に黒煙の上昇を認め、隊長は、人命救助と2方向からの放水による延焼阻止を指示した。

写真2-1　北側の炎上状況

　現場到着時、多量の黒煙で詳細は見分できないが、木造２階建ての住宅が火災最盛期で周囲の建物に延焼中であり、北側から進入したポンプ隊の隊長から西側の建物へ延焼中であるとの報告を受けた。

　さらに、警察官から逃げ遅れ者がいるとの情報を得たため、出火建物を中心に人命検索と消火活動を開始したが、火災最盛期であるため、屋内進入は困難であった。

　指揮隊は到着後、ポンプ車、救助工作車の出動要請をするとともに、本件は密集地での炎上火災であることから消防本部及び隣接する署に救助隊、指揮支援隊の出動を要請した。

写真２−２　北側の炎上状況

写真２−３　南側の炎上状況

写真2-4　焼損建物の全景

　消防団とともに街区を包囲し、6線9口体制で防ぎょ活動を行い、16時49分に火勢鎮圧した。救助隊は、現場到着後、直ちに出火建物を中心に人命検索を開始し、17時59分に建物1階から逃げ遅れ者を発見した。

　点在する残火と落下危険のある軒を消火、除去し、19時10分に鎮火に至った。

火勢鎮圧	16時49分
鎮　　火	19時10分
焼損状況	全焼4棟、部分焼2棟、ぼや1棟、焼損面積527㎡
出火原因	不明

所　見

　本火災は、住宅密集地で発生した木造住宅の延焼火災で、現場到着時は火災最盛期であり、屋内進入が困難な状況であった。

　火災発生場所が住宅密集地の奥まった位置にあり、火災の早期発見・早期通報につながらなかったものと思われる。

03 渇水期に発生した住宅火災（消防団との連携事例）

災害概要

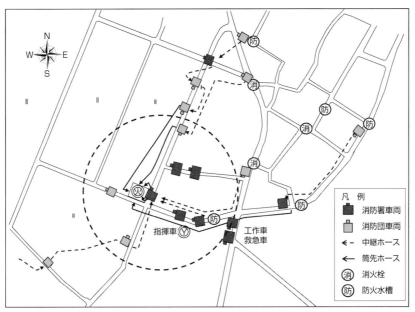

図3－1　火災防ぎょ図

覚　　　知	平成27年３月某日12時23分
気　　　象	天候＝晴、風向＝北、風速＝3.3m/s、気温＝11.6℃、湿度＝79.4%、注意報等＝なし
発生場所	木造２階建て一般住宅
出 動 隊	・第一出動＝消防署 　指揮車３名、水槽付ポンプ車５名、ポンプ車２台10名、救助工作車６名、救急車３名、その他車両３名 　消防団（ポンプ車11台85名） ・招集による出動＝ポンプ車２台10名、その他車両４台11名
119番通報内容	家人から「火事です。１階から火事です、逃げ遅れ者が１名います」
受 傷 者	２名（死者１名、負傷者１名）

　火災現場は、都市計画法による用途指定のない地域で、直近署所から直線距離で３㎞の集落南西の田んぼに囲まれた一軒家である。

> 消防水利は、現場を中心に半径140m以内に防火水槽（20 t）1基のみであり、また、農閑期のため農業用水に通水されておらず、水利は悪い状況である。

活動概要

　建物火災指令を受け、燃えている1階に逃げ遅れ者が1名いるとの情報で、消防車両7台30名で現場へ急行した。同時に消防団7分団にも出動指令がなされた。

　いずれの隊も出動途上において、立ち上る黒煙を確認した。現場は水利確保が困難な地域であるため、消防団には中継体制をとるように指示した。他の業務で現場付近にいた職員が最先着し、「要救助者のいる部屋は炎で包まれており進入できない状態、火災は延焼拡大中であり、1階の炎が2階にまわり、火の勢いは最盛期」との報告が入った。通信指令から、直ちに第二招集指令し、6台21名を増援した。

　第一出動隊到着時、建物はすでに黒煙に包まれ、北から南方向に煙が流れていた。東側玄関は黒煙が充満し火炎は視認できないが、2階軒先から白煙が吹き出し延焼拡大していることを察知したため、延焼防止に全力を注ぐよう指示した。

　第一小隊は、火点直近に部署し、1線2口配備して屋内進入をしたが、2階への延焼が速く落下物が多いため退避させた。その後、建物倒壊や、瓦・軒先の落下のおそれがあるため、屋内進入禁止とした。風の影響もあり炎は勢いを増し、2階の屋根部分が抜けるなどしたが、約300mに及ぶ署と団の中継体制が徐々に確立できたため筒先配備数も増え、同一敷地内の車庫への延焼を阻止できた。覚知から鎮火まで約2時間を要し、

写真3-1　現場到着時の白煙で覆われる罹災建物

死傷者が発生した火災であったが、渇水期における消防団との連携について問われた火災でもあった。

写真3－2　消火活動状況

写真3－3　鎮火後の罹災建物

火勢鎮圧	13時25分
鎮　　火	14時27分
焼損状況	木造2階建て住宅1棟が全焼

　本事例では、階段上部に設置されていた住宅用火災警報器の鳴動で２階にいた家人は火災を知り避難できたが、１階寝室に住宅用火災警報器が設置されていれば、早期発見により死者の発生を防ぐことができたと考えている。

04 住宅密集地におけるブロック面火災

災害概要

　道路狭隘かつ住宅が密集した地域で発生した建物火災で、消火活動が困難であり、延焼拡大のおそれがある現場である。1名の焼死者が発生したものの、包囲戦術とCAFS車両を有効活用することで、延焼拡大を最小限にとどめることができた事例である。

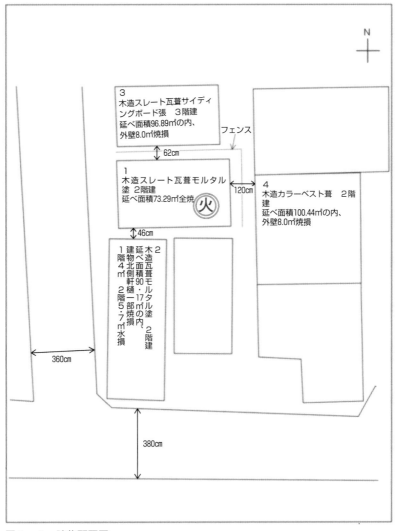

図4-1　建物配置図

覚　　知	平成26年10月某日０時48分
気　　象	天候＝晴、風向＝北北西、風速＝４m/s、気温＝15℃、湿度＝84％
発生場所	木造２階建て一般住宅
出 動 隊	指揮車１台、指揮支援車２台、水槽付ポンプ車（CAFS装置付）６台、消防ポンプ車１台、救助工作車２台、救急車１台の計13台（第二出動）、消防職員43名
受 傷 者	１名（死者）

　現場は、直近の消防出張所から東に約600m離れた、第１種中高層住居専用地域で、火元建物周辺は、２階・３階建ての民家が密集し、その付近一帯の道路幅員も狭いため、消防活動上困難な地域である。

活動概要

　０時48分に指令センター覚知、通報内容により、第二出動体制で建物火災出動を指令した。

　出動途上に、指令センターからの情報を受けた現場の中隊長は、「最先着隊については、火点直近に部署、後続隊は、中継送水及び延焼防止」を下命した。

写真４－１　出火建物の西面焼損状況

　火災現場は、火元建物の背面及び両側面に建物があり、玄関側にあたる前面には幅員3.6mの道路があるブロック面火災で、火元建物の玄関及び開口部は、全て施錠されている状態であった。また、建物の背面にあたる東側1階部分から、火炎及び黒煙が噴出している状態であり、火災中期から最盛期の様相を呈する状況であった。

　近隣住人への聴取により、火元建物には1名が居住しているとの情報を得たため、現

写真4-2　北側建物の隣接状況及び焼損状況

写真4-3　南側建物の隣接状況及び焼損状況

写真4-4　東側建物の焼損状況
　　　　　壁体に一部焼損箇所が見られるが、ほぼ原形をとどめている

15

場活動方針としては、人命検索を最優先とし、並行して建物背面の防ぎょ活動を開始するも、火勢が強く屋内進入を断念した。

　隣接建物との距離は建物配置図（図4-1）のとおり、南面で46cm、北面で62cmと近接しているうえに、中央付近にフェンスが設置されており、通行困難であった。

　現場の中隊長は、延焼危険が高いという判断から、後続隊にCAFS放水を使用し延焼防止に当たるよう指示、1時05分に後着隊が防ぎょ活動を開始した。

　1時29分に指揮隊が現場東側に指揮所を設置し、現場指揮及び調査活動を開始した。

　1時40分に火元建物2階で逃げ遅れ者1名を発見した。

　火勢鎮圧となったのは3時28分で、屋根裏や壁体内に火種が入り込み、壁の破壊と残火処理を並行して行うことを強いられ、防ぎょ活動は困難を極めた。

写真4-5　建物内部の焼損状況

写真4-6　CAFS放水で壁体に泡を張り付けた状況写真（訓練）

現　　着	0時53分
放水開始	0時55分
火勢鎮圧	3時28分
鎮　　火	4時45分
焼損状況	全焼1棟（焼損床面積73.29㎡）、部分焼2棟（焼損表面積8.0㎡、焼損表面積8.0㎡）、ぼや1棟

所　見

　本事例は、住宅密集地におけるブロック面火災で、消防隊が放水開始した際には、最盛期に近い状態であった。

　1名の焼死者が発生したものの、的確な包囲戦術とCAFS放水を活用したことにより、全焼は火元建物のみで、延焼拡大を最小限にとどめることができた。

　事後検証の結果、延焼危険のある建物等へのCAFS放水により、あらかじめ建物壁面に泡を放射しておくと、一定時間、泡が壁面に密着した状態が続き、かつ、泡消火剤により放水対象物への水の浸透性が高まり、延焼防止に効果を発揮すると検証された。

17

05 木工製作所から民家へ延焼拡大した火災（消防本部統合直後の事例）

災害概要

　X消防本部とY消防本部が統合して間もなく発生した、木工製作所1棟に加え、延焼により民家2棟が焼失した事例である。

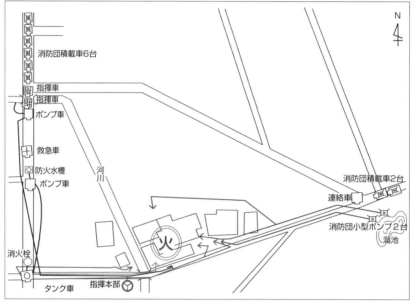

図5-1　火災現場見取図

覚　　　知	平成26年6月某日19時52分
気　　　象	天候＝曇、風向＝南南西、風速＝1m/s、気温＝20℃、湿度＝97%
発生場所	木造平屋建て工場（木工製作所）
出 動 隊	X消防署5台17名、Y消防署2台5名（支援隊）、消防団8台91名
受 傷 者	なし

　現場は、直近のX消防署から南東へ約1.8km。主要幹線である国道から南へ進入した中山間地の一角にあり、周囲は東側に木造家屋が密接、西側に河川を挟み木造家屋が点在、南側は生活道路を挟み急斜面に雑木が生え、北側に田畑が広がる閑静な地域である。家屋間に距離、遮蔽物はなく、ひとたび火災が起これば延焼拡大が懸念される地域である。

　水利状況は、現場を中心とし半径140m以内に公設消火栓1基、防火水槽1基、自然水利は現場西側に河川、東側に溜池があり、おおむね良好な地域といえる。

活動概要

　火災指令により、X消防署から指揮車（指揮隊）、タンク車（救助小隊）、ポンプ車（警防小隊）、救急車（救急小隊）各1台が出動、Y消防署から指揮車（指揮支援隊）、ポンプ車（警防支援小隊）各1台が出動した。

　現場方向は建物等で見通しが悪く黒煙等は視認できなかった。薄い煙らしきものをわずかに視認するも、折りしも日暮れ時で、火災の煙か空の色か判断がつかない状況であった。

　幹線道路から南進し山間を抜けた途端、建物全体から多量の黒煙が噴出し、大きく火柱が上がっているのを視認した。出火建物は火炎に包まれ、既に最盛期の状態であった。

　救助小隊はタンク車を現場直近に部署し消火活動を開始した。その後、消火栓に水利部署し、タンク車への補水態勢を整えた警防小隊と連携して3線4口で活動を行うが、火勢は強く消火は困難を極めた。X指揮隊は消防力劣勢のなか、後着したY指揮支援隊と連携し、Y警防支援小隊に西側及び南側からの消火及び延焼阻止活動を指示するとともに、消防団に東側民家への延焼阻止活動を要請した。

　出火元は木工製作所で、加工木材のほか、加工用機械類、油脂類等が大量に置かれており、火勢は強く鎮火までに時間を要した。

写真5−1　延焼状況①

消火活動は日暮れから夜間に移行し、狭隘道路からの消火活動であったが、支援隊の投入及び消防団との連携により東側民家への延焼拡大を阻止、同日21時17分に鎮火に至った。

写真5－2　延焼状況②

写真5－3　南東側から焼損全景

写真5-4　焼損全景

写真5-5　南西側から焼損全景

現場到着	20時00分
鎮　　圧	20時34分
鎮　　火	21時17分
焼損状況	木造平屋建て工場1棟＝延面積126㎡（全焼）
延焼建物	木造住宅2棟＝延面積245㎡（全焼）

所　見

　本事例は、建物3棟が全焼に至った火災であり、統合したばかりの消防本部にとって署間の連携活動のあり方を考えさせられる事案でもあった。

　本事案の始まりは、4歳の子どもの一言「なにか燃えてる」からで、父親は初期消火を試みたがかなわず、いち早く消火困難であることを見極め、隣に住む身体が不自由な老夫婦を安全な場所に避難させており、3棟もの建物が焼失したなか、この適切な行動により尊い人命が救われたことは唯一の救いであった。

06 木造建物密集地域における大規模火災

災害概要

　木造建物が密集した地域に所在し、長屋住宅として活用している旧市場から出火し、1,360㎡を焼損した事例である。

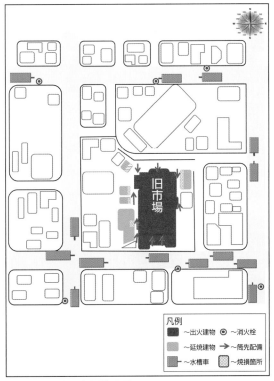

図6−1　車両部署位置図

覚　　　知	平成27年2月某日22時23分
気　　　象	天候＝晴、風向＝南南西、風速＝2m/s、気温＝2℃、湿度＝70%、積雪＝50cm
発生場所	旧市場
出　動　隊	52台（指揮車4台、水槽車33台、化学・水槽車2台、救急車1台、救助車6台、屈折車1台、照明電源車1台、調査車2台、総合指揮本部車1台、その他1台）、消防職員208名、消防団員5名

119番通報内容	「火が見える」
受 傷 者	なし

　火災現場は駅から北東方向約２kmの距離に位置し、周りを古い木造建物に囲まれた、防火造地上２階建ての旧市場である。

　消防水利は、火災現場を中心として半径120m以内に消火栓６基があり、水利条件は良好である。

活動概要

　22時23分に隣接している一般住宅の居住者から「火が見える」との通報があり火災第一出動が指令され、消防車両13台が出動した。その３分後、高所監視カメラで大量の火炎を確認したことから消防指令管制センター長の判断により、直ちに火災第二出動が指令され、さらに消防車両13台（計26台）が出動した。

　消防隊が到着した時点で、建物屋根からは既に火炎が激しく噴出しており、その３分後に屋根が崩落した。幸い出火建物居住者２名は避難済みであったが、拡大した火勢は建物南側及び北側に延焼しており、出火建物に隣接する全ての一般住宅等の避難誘導を実施した。さらに、火勢は建物西側及び東側にも延焼拡大したことから、隣接建物への延焼防止を行うため消防隊３隊を増強し、重点的な筒先配備を行った。なお、出火建物

写真６－１　出火建物北側の状況

西側では、漏えいした都市ガスに引火している箇所があり、細心の注意を払いながらの延焼防止活動となった。

　翌日の０時36分に現場は鎮圧。出火建物はほぼ倒壊しており、幾重にも折り重なったトタン屋根を排除したり、壁体等を破壊しながらの残火処理活動を強いられ、消防隊19隊が現場交代を行いながら、同日13時16分に鎮火した。

写真６－２　現場北東側で延焼防止活動中

写真６－３　出火建物西側の状況

写真6－4　鎮火後（出火建物南側から）

写真6－5　出火建物南側玄関から建物内に入ったところ

写真6－6　出火建物及び延焼した建物を俯
瞰しての撮影

火勢鎮圧	翌日0時36分
鎮　　火	13時16分
焼損状況	全焼1棟（焼損床面積1,360㎡）、部分焼5棟（焼損表面積48㎡、4㎡、2㎡、1㎡、1㎡）

所　見

　本火災は、古い木造建物が密集する地域であったことに加え、出火建物が中廊下式であったため、火の回りが早く火災防ぎょは困難を極めたが、いち早く包囲隊形を確立し、また、建物西側及び北東側の延焼危険が大きい方面へ重点的に筒先を配備することにより、隣接建物への延焼を最小限に食い止めることができた。さらに、早い段階で出火建物内の逃げ遅れ者の確認及び隣接建物の避難誘導を実施したことにより、1名の負傷者も出さなかったことは幸いであった。

07 広範囲に飛び火した建物火災

災害概要

　住宅地において発生した木造住宅の建物火災で、多数の建物等に飛び火した事例である。

覚　　　知	平成27年５月某日10時52分
気　　　象	天候＝晴、風向＝西南西、出火推定時刻から火災鎮火時刻までの最大瞬間風速＝11m/s、気温＝22℃、湿度＝53%、注意報等＝乾燥注意報、火災気象通報
発生場所	木造２階建て一般住宅
出　動　隊	指揮車１台、タンク車１台、化学車１台、ポンプ車３台、救助工作車１台、救急車２台、通信車１台、消防職員38名、消防団員55名
受　傷　者	２名（死者１名、負傷者１名）

　現場は、直近の消防署から北東に約２km離れた第１種住居地域に指定された住宅密集地であり、隣接棟への延焼が大変憂慮された場所である。

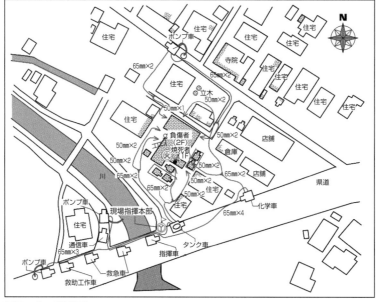

図７−１　活動図

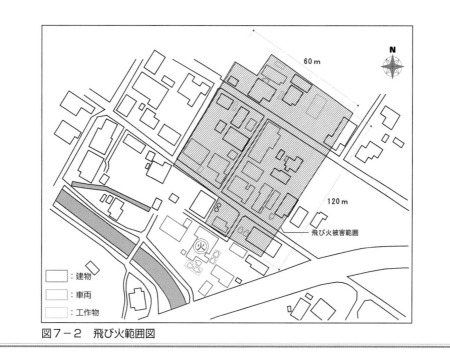

図7−2　飛び火範囲図

活動概要

写真7−1　現場到着時の状況

出動途上、指令課から「2階建て住宅の1階から出火、夫婦2名の安否は不明である」との支援情報を受けた中隊長は、各隊に「人命救助と延焼防止」の活動指示を行った。

写真7－2　火災鎮火後の状況

写真7－3　出火宅から約100m離れたカーポートの飛び火被害

現場到着時、出火建物1階南側の燃焼が激しく、南西面1・2階の開口部及び屋根が燃え抜けていた。火災は最盛期であり、燃え抜けた場所から火炎が噴出しており、黒煙は北東方向へ流れている状態であった。

　さらに、出火建物北西側２階の 庇 （ひさし） では、要救助者の女性１名を近隣住民等２名がアルミはしごにより救出中であったため、協力し地上へ救出した。救出した女性から「夫が１階南側の室内にいる」との情報を得た後、女性を救急搬送した。

写真７−４　出火宅から約50m離れた庭で見分された炭化物

　消防隊及び特別救助隊は、要救助者検索のため屋内進入を試みるが火勢が強く進入を断念し注水活動を優先した。

　出火建物の火勢が弱まったところで、屋内進入による消火活動を行い、火災鎮火後、１階南側の和室において逃げ遅れ者を発見した。

　また、活動時に風が強かったことから、周辺建物及び風下側（北東側）の延焼被害調査を実施し、11時56分に鎮火に至った。

火勢鎮圧	11時23分
鎮　　火	11時56分
焼損状況	建　　物＝全焼２棟、部分焼３棟、ぼや15棟 工作物＝カーポート等複数焼損 車　　両＝焼損（一部含む。）９台

所　見

　出火建物は木造 瓦 葺 （かわらぶ） きで、建物全体に燃え広がれば屋根が抜けやすい建物であったこと、延べ面積が312㎡と一般住宅としては大きな建物で、熱気流により火の粉が多量に飛散、さらに、最大瞬間風速が11m/sと非常に強く、加えて、立地条件として出火建物の風上側は河川であり遮蔽物となるものがなかったことなどが重なり、火元建物から120mの場所で飛び火被害が出ることとなった。

飛び火を考慮した活動及び調査を行っていたが、予想以上の飛び火があったことから、今後は地元消防団とも密に連携しながら広範囲の飛び火警戒（調査）が必要であると認識した。

08 鎮火後に倒壊危険があった住宅火災

　火災にあった家屋が通学路に面していたため、倒壊危険等を考慮し、関係部局の連携で、速やかに建物の解体までに至った事例である。

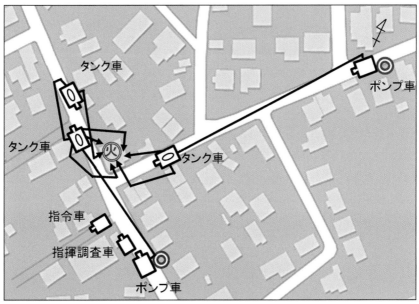

図8－1　防ぎょ図

覚　　　知	平成28年某月某日7時21分
気　　　象	天候＝晴、風向＝西北西、風速＝4m/s、気温＝マイナス1℃、湿度＝81%
発生場所	木造2階建て一般住宅
出　動　隊	12台（指令車1台、指揮調査車1台、査察車1台、化学車1台、水槽車3台、ポンプ車3台、救急車1台、広報車1台）、消防職員31名、消防団員14名
119番通報内容	「通勤途中、通り掛かった住宅の窓から煙が出ているのが見えた。移動中なので場所ははっきり分からない」
受　傷　者	1名（死者）

火災現場は、都市計画法による用途は第１種低層住居専用地域で、直近の消防署から北へ約600mの住宅街に位置し、火災現場から半径150m以内に地上式消火栓が４基あり、水利状況は良好な地域である。

　携帯電話からの119番にて「通勤途中、通り掛かった住宅の窓から煙が出ているのが見えた。移動中なので場所ははっきり分からない」との通報を受け、通信指令室の窓から通報のあった方角に怪煙を確認、火災第一出動を指令した。

　出動途上、先着隊は現場の約400m手前で黒煙を確認した。７時27分の現場到着時は、木造２階建ての建物全面から黒煙が噴き出している状態であった。

　付近住民から、独居男性の居住者がいるとの情報を得たため、消火活動と並行し人命検索を実施するが火勢が強いため屋内進入ができず、火勢が弱まった後、逃げ遅れ者を１階で発見するが、心肺停止状態であった。

　８時48分に火勢鎮圧し、建物内部には大量の衣類や雑誌、ごみ類が散乱していたため、残火処理に時間を要し、10時06分に鎮火した。

写真８−１　黒煙に覆われた建物

写真8-2　消火活動状況

写真8-3　鎮火後の建物

写真8-4　室内の状況（1階）

写真8-5　室内の状況（2階）

火勢鎮圧	８時48分
鎮　　火	10時06分
焼損状況	木造２階建て一般住宅（旧店舗部分有り）＝延べ面積145.32㎡（全焼）
出火原因	不明

罹災後の建物について

　本火災の建物は小学校の通学路に面しており、子供によるいたずらの可能性や建物の倒壊危険等を考えると早急に解体が必要と思われた。

　後日、警察からの連絡により、逃げ遅れ者は居住者の男性と判明した。その後、市関係部局と話し合いの場を設け、その中で担当部局から、「居住者は独居の高齢者であったが、建物の所有者は居住者の父（既に死亡している。）であり、相続の手続は行われていない。相続人は居住者含め３名おり、１名は県外にいる居住者の母親、もう１名は入院中の居住者の弟である」との情報を受けた。

　市関係部局は、建物の位置、状況から早急に対応しなければならないという共通認識に立ち、今後の対応について各部局連携のもと検討された。

　結果は、医師の判断のもと市部局と入院中の弟で話を進め、弟が解体業者と契約を結び、火災から１か月経たないうちに当該建物の解体作業に着手し、その場所は更地となった。

所　見

　我々消防職員は、消防組織法第１条の任務のもと、日々業務に励んでいるが、火災時の消火活動、人命救助及び調査はもちろんのこと、罹災後の建物の状況によっては市町村関係部局に対し、積極的に消防側からその後の措置についての検討の場を設ける働きかけが必要であり、市民の安心・安全が確保されるまでが消防の業務であると本事例を通して改めて感じた。

　本事例では、火災にあった建物の相続人が複数おり、相続人それぞれの事情等により、当初は建物への対応に大変な時間を要すると考えられたが、各関係機関の連携が円滑に取れた結果、迅速な対応に結びつき、地域の安全が保たれた。

車両の進入及び水利確保が困難な山間部における
一般建物火災

災害概要

車両の進入及び水利確保が困難な山間部での建物火災の事例である。

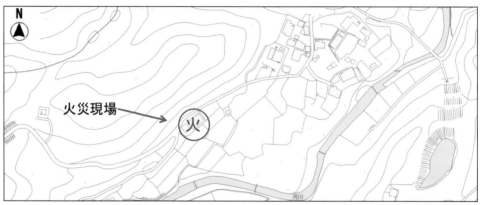

図9-1　現場案内図

覚　　　知	平成28年2月某日5時14分
気　　　象	天候＝雨、風向＝南東、風速＝2.2m/s、気温＝11.5℃、湿度＝97.4%、注意報等＝雷注意報
発生場所	軽量鉄骨造2階建て専用住宅
出　動　隊	消防署車両＝水槽付ポンプ車2台、ポンプ車1台、救急車1台、指揮車1台、小型動力ポンプ付積載車1台、防災広報車1台、指令広報車1台、連絡車1台 消防団車両＝小型動力ポンプ付積載車2台 消防職員35名、消防団員17名
119番通報内容	「自宅が燃えており、煙が充満して中が見えない。中に2名取り残されている」
受　傷　者	2名（死者1名、負傷者1名）

　火災現場は、管轄分署から西に約11km離れた山間部の集落の外れに位置した一軒家で、消防水利は、火災現場から半径140m以内に公設消火栓が1基と現場の南方約80mに流れる河川（川幅約8m、低水路約2m、水深約0.5m）のみである。

　敷地内には、中央に軽量鉄骨造2階建ての専用住宅、東側は鉄骨造2階建ての作業用倉庫、西側は鉄骨造2階建ての住居兼倉庫（1階：倉庫、2階：住居）があ

り、同敷地内に約６㎡の物置が２棟近接していたことから、敷地内の各棟への延焼危険が大きかった。

　なお、家族構成は高齢夫婦に加え、息子１名、孫２名の１世帯５人家族である。

活動概要

　家人からの「自宅が燃えており、煙が充満して中が見えない。中に２名取り残されている」との通報により、消防隊３隊（水槽付ポンプ車２台、ポンプ車１台）及び救急隊１隊（防火衣着装）で出動した。

　現場に至る道路は狭隘で、大型消防車両が進入できない幅員であったことから、後着

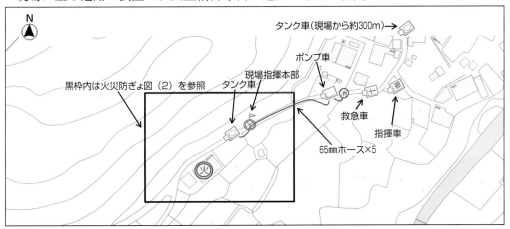

図９－２　火災防ぎょ図（１）

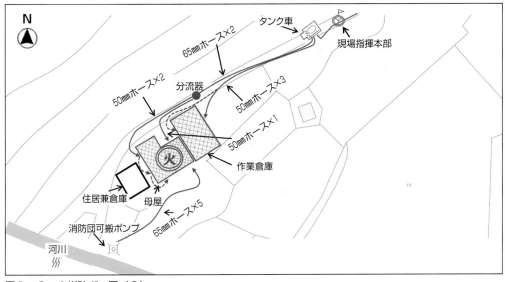

図９－３　火災防ぎょ図（２）

タンク車は現場から約300m離れた位置に部署せざるを得なかった。

　現場到着時、出火建物である敷地中央の専用住宅（以下「母屋」という。）は、窓が全て割れて火炎が噴出し、火災は最盛期の様相を呈していた。

写真9−1　火災現場北側の状況（左から作業倉庫、母屋）

写真9−2　火災現場南側の状況（左から住居兼倉庫、母屋、作業倉庫）

　また、母屋東側の作業倉庫へ延焼中で、１階及び２階の窓ガラスが割れて黒煙が噴出していたが、母屋西側の住居兼倉庫に延焼は認められなかった。

　現場付近で通報者（孫）から「建物内には私と祖父、祖母の３名がいたが、祖母の行方が分からない」との情報を得たことから、熱傷が認められた祖父の救急搬送を指示するとともに、逃げ遅れ者（祖母）の検索及び延焼防止を指示した。

　先着タンク隊は火災現場東側に部署し、母屋西側の住居兼倉庫への延焼阻止を行いながら、母屋に屋内進入し逃げ遅れ者の検索及び消火を行った。また、中継送水を終えたポンプ隊が作業用倉庫の消火にあたり、後着タンク隊は先着隊の活動補助に入った。

　さらに、地元消防団が火災現場南側の河川から小型動力ポンプで取水し、母屋南側からの放水を開始、活動隊員の増強もあって多方面からの放水隊形を構築したことから、火勢は弱まり始めた。

　その後、障害物の除去と並行して消火活動を継続し、火勢鎮圧後、火勢が最も強かった奥の居間で逃げ遅れ者を発見した。

火勢鎮圧	８時43分
鎮　　火	９時33分
焼損状況	軽量鉄骨造２階建て専用住宅１棟（154㎡）及び鉄骨造２階建て倉庫（110㎡）が全焼

所　見

　本事例は、車両の進入が困難かつ周囲に水利がなかったことから、非常に苦慮した活動となった。しかしながら、このような地域は管内に多くあるため、消防署と消防団の連携が重要であると再認識した。

災害概要

木造住宅密集地域における住宅全焼火災である。

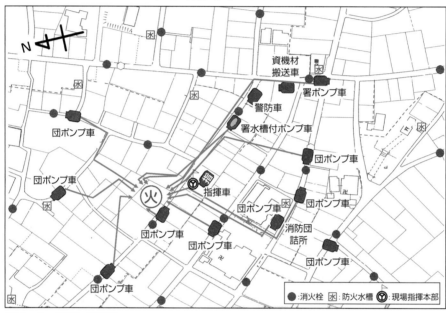

図10-1　防ぎょ配置図

覚　　　知	平成27年12月某日11時42分
気　　　象	天候＝曇、風向＝南南東、風速＝0.7m/s、気温＝3.6℃、湿度＝93.6%、注意報等＝波浪注意報（同日4時31分発表）
発生場所	木造平屋建て一般住宅
出　動　隊	指揮車1台、水槽付ポンプ車（2,000L）1台、消防ポンプ車10台（消防団車両9台含む。）、資機材搬送車1台、消防職員43名、消防団員79名
受　傷　者	なし

　火災現場は、消防署から北西へ約3.7km、分署から南西へ2.8kmの地点、都市計画法で定める準工業地域であり、付近一帯には住宅が立ち並んでいる（出火建物は西側建物から約1.8m、東側建物から約3.0mに位置している。）。

　消防水利は、現場を中心として半径140m以内に公設消火栓が12基、防火水槽が4基あり、水利状況は良好である。

活動概要

11時42分に建物火災通報が入電した。

指令センターから「一般建物火災第一出動、木造2階建、一般住宅から出火、複数入電あり」との指令により消防署から指揮車1台、消防ポンプ車1台、分署から水槽付きポンプ車1台（通常は3台運用であるが、分署の消防ポンプ車が車検のため2台で運用）、消防団ポンプ車5台が出動した。「逃げ遅れ者の有無は不明」との指令センターからの追加情報があり、「人命検索及び救助最優先、延焼防止に努めよ」との指揮隊長からの活動方針が伝えられた。

指揮隊現場到着時（11時51分）、建物南面の小屋裏から炎及び黒煙が噴出しており、火災最盛期であった。

また、最先着の消防団車両にて65mmホース1線で出火建物西側から隣接住宅への延焼防止活動が行われていたが、現場は住宅密集地域で延焼危険が大きいため、第二出動に切り替え、消防団車両4台を増隊した。

関係者への事情聴取から逃げ遅れ者はいないとの情報を得たことから、延焼防止活動を最優先とした。建物東側に後着の分署隊が部署したとき（11時51分）には東側隣接住宅の1階雨樋（あまどい）が溶融し、2階の壁面から白煙が上がっていた。直ちに噴霧にて壁面に注水し、隣接建物の壁面消火後、出火建物への放水を行った。ほぼ同時に到着した消防署隊（11時52分）は、建物正面（南側）に筒先を配備し放水を行った。直後に1階天井が抜け、その5分後には屋根が崩落したが、現場最高指揮者の命令により屋内進入をしている隊もなく、また、逃げ遅れ者もなかったため、負傷者はいなかった。

その後到着した消防団と協力し、消防ポンプ車計11台で延焼防止や飛び火警戒、消火活動等を行い、12時35分に火勢鎮圧、12時50分に鎮火した。

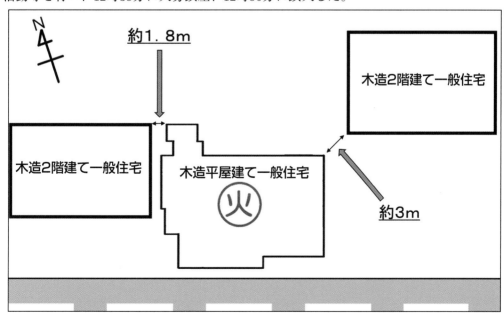

図10−2　付近建物配置図

写真10-1　出火建物（左）と東側隣接建物（距離約3m）

写真10-2　出火建物（右）と西側隣接建物（距離約1.8m）

写真10-3 東側隣接建物 雨樋の溶融及び一部焼損が認められる。

写真10-4 出火建物正面（南面）鎮火後

写真10-5　出火建物背面（北面）鎮火後

火勢鎮圧	12時35分
鎮　　火	12時50分
焼損状況	全焼1棟（木造平屋建141.7㎡）、部分焼2棟（木造2階建）

所　見

　現場は、消防署と分署のほぼ中間に位置しており、入電から現場到着までに約9分と時間を要した事案であったが、消防団詰所が現場から約100mと近く、消防団車両が即時に現場直近に水利部署し、延焼防止活動を行ったため、被害を1棟全焼、2棟部分焼に止めることができた。

11 消防活動困難区域で発生した木造住宅の延焼火災 （消防団との連携事例）

災害概要

「消防活動困難区域」として指定されている場所で発生した火災である。

また、初動体制として初めて「CAFS」を使用した火災防ぎょ活動事例でもある。

図11-1　初動時の筒先配置図

覚　　知	平成27年7月某日2時58分
気　　象	天候＝曇、風向＝南、風速＝0.8m/s、気温＝24.6℃、湿度＝81.6%、注意報等＝なし
発生場所	消防活動困難区域（木造家屋密集地域）
出　動　隊 （初動）	消防署隊＝4隊12名（救助工作車3名・水槽付ポンプ車4名・化学車3名・救急車2名）
119番通報内容	「○○街区で火災です。屋根から火が出ています」

出火場所は、消防署から西へ約1.7km、山裾の谷間であり、車両の部署位置から見ると緩やかな登り傾斜となっている。

さらに、袋小路にもなっていて、普通車両は途中まで障害物を避けながら進入できるものの、大型車両の進入は困難である。

　また、この道路と並行してホースカーが通れる程度の生活通路が、袋小路の奥に向かって延びている。

　消防水利については、出火場所から半径約120mの位置に消火栓3基が設置されているが、高台である上、1基は末端であるなど水利の便が悪い。

　この地域は、古い木造家屋が軒を重ねるように密集して建っていて、火災が発生した場合には消火が困難で、容易に延焼拡大のおそれがある。

　近隣に居住する男性から固定電話による「○○街区で火災です。屋根から火が出ています」との通報で覚知した。

　現場到着時には、発見・通報の遅れ等により、火元家屋の火災は既に最盛期に達していて、周囲に隣接する木造家屋3棟にも延焼拡大していた。

　なお、通信指令室から要救助者の情報があり、消火活動と並行して救助活動も行う必要があった。

活動概要

　当務隊長は、現場到着後、直ちに救助隊員へ要救助者の救出を下命するとともに、火災の状況から当務隊のみでの消火は困難と判断し、非番・週休の消防職員と消防団員の非常招集を要請した。

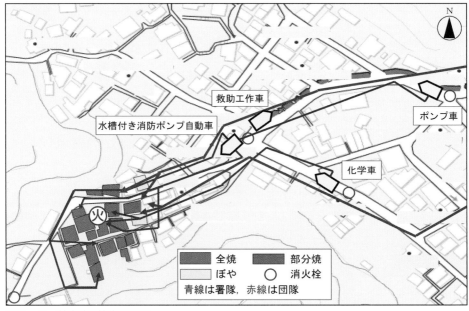

図11-2　鎮火時の筒先配置図

写真11－1　火災の状況1

写真11－2　火災の状況2

　水槽付ポンプ車隊は島田巻ホース、化学車隊はホースカーを使用して、それぞれ1線2口隊形で火災を包囲する筒先配備をとった。

　救急隊は、化学車積載の菊水巻ホースを徒手により延長し、火点東側に1線1口で筒先配備したが、逃げ遅れ者の情報があり、配備した筒先はその場に置いて、救助隊員とともに逃げ遅れ者の安否確認を行った。

　消防署隊の初動で2線4口の放水隊形をとったが、現場到着時には既に4棟が炎上し

ており、火勢が消防力を大きく上回り、非常招集の隊員や消防団隊の放水隊形が整うまでは、筒先移動により延焼防止を図らなければならない状況であった。

消防団は、現場からの出動要請により団員72名、車両６台が順次出動・参集し、消防署隊車両への補水と消防団隊単独で２線４口隊形で消火活動を行い、さらに、後発火災への出動に備えた。

本火災の最終的な筒先配備数は、消防署隊と消防団隊の合計で５線10口となった。

火勢鎮圧	４時30分
鎮　　火	５時28分

所　見

「CAFS」使用の効果の有無に関しては、後日開かれた火災防ぎょ検討会において、様々な意見があったが、本事例の場合は現場到着時には既に火災が拡大していたことなどから、水での消火と明確な消火能力の違いが分からず、結論を出すことができなかった。

12 木造住宅密集地域において発生した建物火災

災害概要

　木造住宅密集地域において死者１名が発生した建物火災で、４棟が全焼、４棟が部分焼となった事例である。

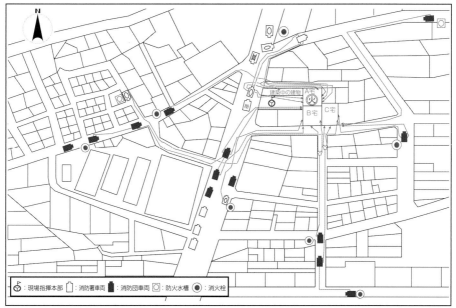

図12−1　火災防ぎょ図

覚　　　知	平成29年５月某日２時42分
気　　　象	天候＝晴、風向＝無風、気温＝13.3℃、湿度＝59.4％、注意報等＝なし
発生場所	木造２階建て一般住宅
出　動　隊	消防署車両11台　43名（指揮車１台、水槽付消防ポンプ自動車４台、消防ポンプ自動車１台、はしご車１台、広報車３台、応援隣接消防局１台４名） 消防団車両13台　130名（消防ポンプ自動車13台） 放水口数＝19口
受　傷　者	１名（死者）

　現場は、直近の消防署から北に約3.9km離れた、第１種住居地域に指定され、木造住宅が密集し、周囲への延焼のおそれが高い地域である。
　消防水利は、現場を中心に半径140m以内に防火水槽はなく、消火栓が５基ある

が、交通量の多い県道を挟んでいるため、水利の状況は良いとはいえない地域である。

　覚知は、出火建物南側に隣接しているＢ宅の住民が発見し、119番通報をした。その後、「炎上している」という内容の119番が多数入電した。

活動概要

　２時42分に火災指令により、消防署車両４台及び消防団車両６台が第一出動した。出動途上に追加情報を受け「活動方針、人命救助優先。住宅密集地域のため周囲への延焼阻止」との中隊長からの活動方針が伝えられた。

　出動途上、火災建物方向に広範囲に立ち上る炎が確認できた。

　現場到着後、Ａ宅（出火宅）北側玄関付近は１階及び２階の開口部から激しく炎が噴出し屋根も燃え抜け、火災は最盛期であった。南側の住宅や西側にある建築中の建物にも延焼拡大中であり、現勢力では劣勢であると判断し、現場到着から２分後に中隊長が第二出動を要請した。

　南側部分は隣接するＢ宅及びＣ宅の２棟に延焼中であったが、その南側は道路であり、それ以降の延焼拡大の危険は少ないと判断し、東側及び西側にある木造２階建て住宅への延焼阻止を重点に消火活動を実施した。指揮隊の情報収集により、現場周辺の住民は全員避難済みと確認をしたが、Ａ宅の住民は確保できていないとのことであった。

　大隊長到着後、大隊指揮に移行したため、各方面に担当隊長を配置した。大量の火の

写真12−１　延焼した南側建物 炎上中の状況（西側から撮影）

粉による飛び火警戒のため、俯瞰による消火活動及び高所からの情報収集のために、はしご小隊も出動した。その後、3時36分に火勢鎮圧し、4時48分に鎮火に至った。

依然、A宅住民の安否が確認されないため、二次災害に注意して検索を行った結果、5時26分に逃げ遅れ者がA宅内東側で発見された。

写真12-2　延焼した南側建物 炎上中の状況（南西側から撮影）

写真12-3　西側にある県道からの焼損状況（南西側から撮影）

写真12－4　延焼した南側建物 焼損状況（火災調査時に西側から撮影）

写真12－5　はしご車からの俯瞰による焼損状況（北側から撮影）

火勢鎮圧	３時36分
鎮　　火	４時48分
焼損状況	全焼４棟、部分焼４棟

所　見

　全国的に大規模な火災が発生するなか、本事例も合計8棟が焼損し、1名の尊い人命が失われる火災となった。事後検証会において、活動隊員の疲労度を考慮した交代時期や情報が錯綜しているなかでの報道への対応方法、中隊指揮から大隊指揮への指揮権移行時のあり方などが検討され、改善することとなった。

災害概要

　火災最盛期に移行する建物火災に対し、迅速かつ有効な筒先配備を行い、隣接する建物への延焼を最小限に踏みとどめ、延焼拡大阻止に成功した事例である。

覚　　　知	平成29年１月某日11時27分
気　　　象	天候＝雪、風向＝南西、風速＝３m/s、気温＝０℃、湿度＝98％、積雪＝３cm、注意報等＝雷注意報
発 生 場 所	木造２階建て一般住宅
出 動 隊	指揮車１台、救助工作車１台、ポンプ車（水槽付ポンプ車を含む。）４台、救急車１台、消防団車両６台、消防職員23名、消防団員44名
受 傷 者	なし

　現場は、市街地の住宅街の一角に位置しており、用途地域は、第１種中高層住居専用地域、防火地域は、その他の地域に指定されている。

　消防水利は、現場を中心に半径140m以内に地下式消火栓８基、有蓋防火水槽２基が設置され、現場東側に水量豊富な用水が南から北に流れている。

　①建物（図13－１）の２階で就寝していた30代男性（世帯主の息子）が、11時20分過ぎに１階からガラスが割れる音が聞こえたため、１階に移動すると、北側和室の引き戸の割れたガラス部分から炎が出ているのを発見した。

　風呂場の洗面器に水をくみ初期消火を試みるが消火に至らず、玄関から屋外へ避難した後、携帯電話で119番通報した。

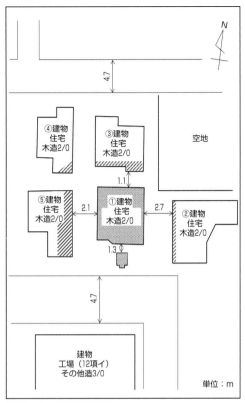

図13-1　建物配置図

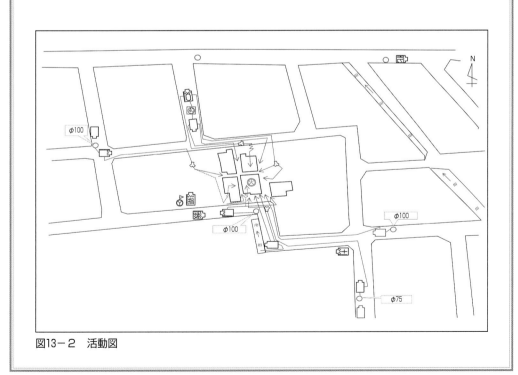

図13-2　活動図

活動概要

　最先着のポンプ隊が現場到着時、①建物南側の玄関、東側の１階及び２階の開口部から火炎が噴出しており、火災の様相が中期から最盛期に移行する状況であった。

　同隊は、①建物南側の消火栓に水利部署し、消防団と協力して①建物東側に隣接する②建物及び西側に隣接する⑤建物への延焼阻止に当たった。

　避難状況については、消防隊の到着前に臨場した警察官によって、付近住民の避難誘導が行われており、逃げ遅れ者がいないことを確認した。

　同着したポンプ隊（水槽付）は、①建物北側の防火水槽に水利部署し、①建物の北側に隣接する③建物南側（**写真13−１**）で延焼阻止活動を実施するが、軒裏が①建物から噴出する火炎にさらされており、③建物内部への延焼危険が著しいと判断し、指揮隊に他隊を早期に内部進入させるよう要請した。

　指揮隊は、③建物及び⑤建物は屋内進入しての延焼阻止活動が必要と判断し、緊急性を認める③建物は、玄関扉が施錠されていたため、１階居室の窓ガラスを破壊しての屋内進入を救助隊に指示した。

　救助隊が③建物に屋内進入すると、２階南側開口部の窓ガラスは割れ落ち、室内に白煙が充満している状況で、天井及び南側壁面に熱気を感じたため、指揮隊の指示を受け天井及び壁面を小破壊して内部を確認後、警戒筒先を配備した。

　後続のポンプ隊は、⑤建物の玄関から屋内進入し、燃焼している１階東側の洗面所に放水を実施し、隣室への延焼阻止を実施した。

　その後、①建物の筒先包囲体制が整い、隣接する②、③、⑤建物への延焼危険が排除され、①建物への火勢鎮圧に全力を注ぎ、鎮火に至った。

写真13−１

写真13－２

火勢鎮圧	11時54分
鎮　　火	12時30分
焼損状況	①建物＝住宅（木造２階建）延べ面積113㎡（全焼）、軽自動車１台 ②建物＝住宅（木造２階建）延べ面積138㎡（部分焼） ③建物＝住宅（木造２階建）延べ面積120㎡（部分焼） ④建物＝住宅（木造２階建）延べ面積117㎡（ぼや） ⑤建物＝住宅（木造２階建）延べ面積232㎡（部分焼）

所　見

本事例は、①建物の１階和室で使用していた石油ストーブ（注：世帯主の60代男性が４時45分に起床して石油ストーブを点火し、その後、９時50分に石油ストーブを消火せずに外出している。）に何らかの可燃物が接触し、延焼拡大したものと推定する火災で、火災最盛期における隣接建物への積極的な屋内進入を実施して、火災損害を最小限に抑えることができた。

後日、消防本部主催の火災検討会を実施したところ、様々な意見交換や討論がなされた。中でも「施錠されている住宅の開口部等を破壊し、屋内進入する行為は、躊躇（ちゅうちょ）する」という意見が多く、破壊行為を行う際の指揮系統の重要性を再確認することができた。

消防吏員や消防団員は、消防法第29条（消火活動中の緊急措置等）によって、火災現場において、消火若しくは延焼の防止又は人命の救助のために緊急の必要があるときは、建物等の処分が認められ、損害賠償を争う裁判においても、多くの判例で破壊消防

が認められている。

　今後も、火災現場で火煙が確認できない状況や建物が施錠されている状況において、現場指揮者の的確な決断によって、開口部を破壊しての屋内進入、天井、壁等の局部破壊を行い、火災の延焼拡大の阻止と被害を最小限に抑えるための積極的な防ぎょ活動を行っていく。

14 無人との情報を得ていた一般住宅から逃げ遅れ者が発見された建物火災

災害概要

　専用住宅として建築され、出火当時、物置として使用されていた建物の火災であり、所有者から建物内は無人であるとの情報を得たが、鎮火後に建物内から逃げ遅れ者が発見された事例である。

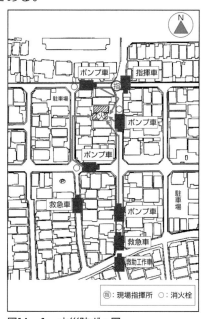

図14-1　火災防ぎょ図

覚　　　知	平成29年6月某日1時30分
気　　　象	天候＝晴、風向＝南東、風速＝1m/s、気温＝18℃、湿度＝75%、注意報等＝乾燥注意報
発生場所	木造2階建て一般住宅
出　動　隊	第一出動＝ポンプ車4台、救急車2台、消防職員20名 第二出動（招集による出動）＝指揮車1台、救助工作車1台（計8台） （消防団車両除く。）、消防職員5名
119番通報内容	「隣の家の窓から火が出ている」
受　傷　者	1名（死者）

火災現場は、直近の分署から西南西へ直線距離で約800m、第１種低層住居専用地域に指定された住宅密集地であり、隣棟への延焼危険が高い地域である。
　消防水利の状況は、現場を中心に半径120m以内に公設消火栓６基、防火水槽１基が設置されており、消防水利に恵まれた地域である。

活動概要

　１時30分に出火建物北側に隣接する住宅の居住者から「隣の家の窓から火が出ている」との通報があり、建物火災第二出動により消防車両６台20名が出動した。
　先着消防隊現場到着時、出火建物は火災最盛期の様相を呈しており、西側一部の開口部を除き、ほぼ全ての開口部から火炎が噴出している状況であった。特に北面１階の外壁は既に焼け落ち、火炎が北側に激しく噴出しており、北側隣接の住宅に延焼中であった。また、西側隣接の住宅にも延焼危険がある状況であった。
　現場周囲は、多数の近隣住民が騒然としている状況で、先着消防隊による情報収集の結果、所有者から「建物は一般住宅を物置として使用しているため居住者はなく、家族全員の所在も確認済みであるため、建物内は無人である」との申告があり、また、延焼中の北側隣接住宅の居住者から「家族全員が既に屋外に避難済み」との情報を得た。
　このことから、屋内進入による消火活動は未実施とし、建物外からの火勢制圧及び周囲への延焼防止を中心とした消火活動を行った。

写真14-１　現場到着時の出火建物東側の状況

写真14-2　建物内部の状況

写真14-3　鎮火後の発掘状況

　出火建物は物置として使用されていたことから、一般住宅とは異なり多量の収容物が山積みされている状況で、これらが妨げとなって消火活動は難航し、放水活動開始から59分後の2時37分に火勢鎮圧に至った。

　火勢鎮圧後に多量の収容物を除去しながらの残火処理活動を強いられたこと及び建物の焼損が激しかったことから、同日5時49分に鎮火に至った。

　引き続き火災調査を実施したが、建物の倒壊危険があったことから、ショアリングの

実施による安全確保を行い着手した。

　屋内の焼け落ちた屋根瓦、壁及び収容物等の発掘を行っていたところ、出火建物1階中央付近から逃げ遅れ者が発見され、警察の捜査により、身元は所有者の別居中の親族であることが判明した。しかし、無断で建物内に侵入していたことから、出火当時所有者には建物内に親族がいるとは知りえなかったものであり、その所有者から消防隊が逃げ遅れ者の情報を入手することは不可能な状況であった。

放水開始	1時38分
火勢鎮圧	2時37分
鎮　　火	5時49分
焼損状況	木造2階建て住宅2棟が全焼

所　見

　本火災は、深夜に発生しており、発見・通報が遅れたことから、消防隊現場到着時には既に出火建物は火災最盛期であったため、火勢制圧及び隣接建物への延焼防止に主眼を置いた活動となった。

　また、関係者からの情報収集の結果、出火建物は、物置として使用していることから無人であるとの情報を基に活動を行ったが、火災調査中に逃げ遅れ者が発見されたものであり、無人と思われていた建物内に結果的に人がいたという特異な事例となった。

　時として、建物火災では無人との確かな情報をつかんだ場合においても、情報提供者が知りえない潜在的な要因により、現住建造物となることから、思いがけない結果となる現場であった。

15 木材を媒体に急速に拡大し９棟へ延焼した建物火災

災害概要

　第１種住居専用地域において建具製造業を営む住宅兼作業場から出火し、木材を媒体として急速に拡大し、住家６棟及び非住家３棟へ延焼した建物火災であり、近隣消防本部との相互応援協定により、２消防本部へ応援要請した事例である。

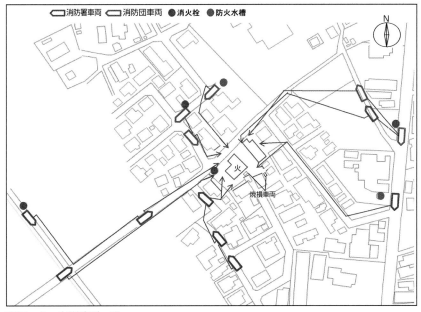

図15－１　火災防ぎょ図

覚　　　知	平成30年６月某日12時03分
気　　　象	天候＝曇、風向＝北東、風速＝5.4m/s、気温＝20.6℃、湿度＝84.1%、注意報等＝なし
発生場所	住宅兼作業場
出 動 隊	消防署車両10台、43名＝消防ポンプ自動車４台、水槽付消防ポンプ自動車１台、水槽車１台、指令車１台、広報車３台 応援消防本部３台、８名＝水槽車１台、消防ポンプ自動車１台、指令車１台 消防団車両８台、58名＝小型動力ポンプ付積載車８台
受 傷 者	１名

現場は、消防本部から南西に約１km離れ、木造住宅が密集し、周囲への延焼のおそれが非常に高い地域であり、準市街地に指定されている。水利は、現場を中心に半径140m以内に消火栓３基、防火水槽２基が設置されている。

家人が火災を発見したときには、天井の高さまで炎が立ち上り、初期消火を試みたが火勢が強く消火には至らなかった。火元付近の住民が火災に気付き、119番通報した。

活動概要

12時05分に火災指令により直近消防署から消防隊２隊、２分署から１隊ずつが出動した。なお、直前に現場直近消防署の管轄内で交通事故事案により消防隊１隊（消防ポンプ自動車）が出動していたため、第一出動車両に指定されている消防ポンプ自動車３台のうち１台が水槽付消防ポンプ自動車となった。

出動途上、火災現場方向に広範囲に立ち上がる黒煙が確認できた。現場に至る道路は狭隘で、大型消防車両が進入できない幅員であったことから、水槽付消防ポンプ自動車は現場から約100m離れた位置に部署した。

現場到着時、出火建物は全ての開口部から激しく炎が噴出し、火災は最盛期の様相を呈していた。出火建物東側の住宅は２階部分から延焼中であり、周辺の建物への延焼危険も高く現消防力では劣勢であると判断し、現場到着から約４分後に第二出動要請及び近隣の２消防本部へ応援要請した。

写真15-1　出火建物（南東方向から撮影）

　なお、直後に本火災とは別に林野火災が発生し、保有する全ポンプ車両が出動したため、第三出動要請が困難な状態であった。

　先着消防隊は火災現場直近の消火栓に部署し、西側及び南側の延焼防止活動を行った。

写真15-2　出火建物（北西方向から撮影）

写真15-3　焼損状況

後着消防隊は現場から約50m離れた位置に部署し、約400m離れた位置に部署した消防ポンプ自動車から中継送水を受け、火災現場北側から近隣住宅への延焼防止を重点に消火活動を実施した。また、予防課の情報収集により、現場周辺の住民は全員避難済みと確認した。

　第二出動隊２隊のうち１隊は東側の防火水槽に部署し、１隊は消防団から中継送水を受けて放水を行った。応援出動した２消防本部２隊のうち、水槽車は現場南側に部署した消防本部先着隊（水槽車）へ中継送水を行い、消防ポンプ自動車は現場から約300m離れた農業用水路から揚水し、建物北側及び西側の延焼防止活動を行った。また、消防団が現場北側から東側の住宅への延焼防止活動を行った。多方面からの放水隊形を構築したことから、火勢は弱まり、13時17分に火勢鎮圧し、15時08分に鎮火に至った。

火勢鎮圧	13時17分
鎮　　火	15時08分
焼損状況	全焼２棟、部分焼４棟、ぼや３棟、車両２台

所　見

　全国的に大規模な火災が発生するなか、本事例は現場管轄の消防隊が別事案活動中、進入道路が狭隘な住居地域での建物火災で、合計９棟、車両２台が焼損する火災となった。直後に林野火災が発生したものの、早期に第二出動要請及び近隣消防本部との相互応援協定に基づく応援要請を行ったことで、迅速に包囲隊形をとることができた事例であった。しかし、事後検証会において、先着隊は後続の消防隊の進入路を考慮した部署位置、第二出動隊の水利部署位置の指定、応援消防本部への誘導及び情報共有をすることなどの課題が挙げられた。

16 産業廃棄物処理施設において多数傷病者が発生した火災

災害概要

産業廃棄物処理施設から出火し、施設内で作業をしていた30代から60代の作業員10名が煙を吸うなどしたため、ドクターヘリ及びドクターカーと連携して火災による多数傷病者発生に対応した事例である。

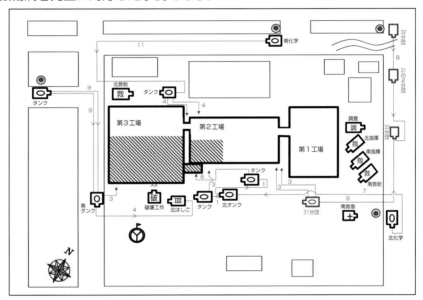

図16-1　消防活動総合図

覚　　　　知	平成27年4月某日16時36分
気　　　象	天候＝晴、風向＝西南西、風速＝5m/s、気温＝24℃、湿度＝30%
発生場所	鉄骨造2階建て産業廃棄物処理施設
出　動　隊	消防署車両24台（水槽付ポンプ車12台、はしご車1台、化学車2台、救助工作車2台、大型水槽車1台、原因調査車1台、指揮隊車2台、救急車2台、破壊工作車1台）、消防団車両5台、消防吏員144名、消防団員65名
受　傷　者	10名

火災現場は、駅から北東約8kmの場所に位置し、鉄骨造2階建て延べ面積約6,338㎡の産業廃棄物処理施設である。都市計画法に基づく用途地域は工業専用地域であり、消防水利は、消火栓が火災現場の東側約90m及び南南西約240mの位置にある。

　指令センターから「建物内部の木くずが燃えており、従業員は避難済みである」との指令内容により消防車両13台が出動した。

　消防隊到着時は、建物開口部から黒煙が噴出し、建物内で初期消火をしていた作業員10名が屋外に避難していた状況であった。

写真16-1　黒煙を上げる建物

写真16-2　救急隊到着時の状況

写真16-3 燃え落ちるオガコ（木粉）

写真16-4 消火活動の状況

　救急隊による初期トリアージの結果、作業員全員の意識は清明で独歩可能であり、明らかな外傷はないが、5名の作業員の口腔内が煤により黒くなっており、さらに、1名の作業員の喉が赤くなっていたことから、10名全員の搬送が必要と判断した。トリアージは、6名を黄色タッグ、4名を緑色タッグとした。

　17時17分に指令センターがドクターヘリを要請し、17時30分にドクターヘリ通信センターがドクターカーの出動を要請した。

17時44分にドクターヘリが現場に到着し、医師によるトリアージの結果、黄色タッグが6名から8名に、緑色タッグが4名から2名となった。

17時49分にドクターカーが現場に到着し、医師により搬送先医療機関の割振りがされ、その後、救急隊及びドクターカーにより傷病者が病院搬送された。

一方、出火建物内は、ベルトコンベアが各階をまたいで張り巡らされ、目の細かい木粉が広範囲に堆積している状況であるため、消火に当たっては、火災による煙と放水により飛散し浮遊する木粉によって視界不良となるなかでの活動となった。さらに、粉じん爆発の危険性が潜在していたため、より慎重な活動が求められることから、活動が長時間に及ぶことを予測し、早期に消防隊の活動ローテーションを編成した。加えて、食料、飲料水、空気ボンベ、クラスA消火薬剤等の補給、さらに、非常招集による警防体制の補完を行い、1日以上の時間を要して鎮火した。

火勢鎮圧	翌日3時00分
鎮　　火	17時11分
焼損状況	半焼、焼損面積1,331㎡

所　見

本火災は、産業廃棄物処理施設の火災において多数の傷病者が発生した事案であった。このような状況のなか、早期にドクターヘリ及びドクターカーが現場臨場したことにより、トリアージ及び搬送先の割振りがスムーズに行われ、その後の消防活動が効率的に進められた。

また、複雑多様化する災害対応では、部隊個々の活動能力はもちろんのこと、消防の組織力、さらには消防と関係機関の連携強化が重要となることを、本事案により再認識した。

17 ごみ焼却施設の火災（CAFS使用、消防団との連携事例）

災害概要

　水利確保困難な市管理施設のごみ焼却施設で発生した火災が、小規模消防本部の初動体制と消防団との連携により、早期の鎮圧を図ることができた事例である。

図17－1　車両部署・ホース展張図

写真17－1　上空からの現場写真

覚　　　知	平成27年10月某日15時14分
気　　　象	天候＝曇、風向＝東北東、風速＝6m/s、気温＝19℃
発生場所	（構造）RC造、一部S造、（構造区分）準耐火、（階数）地上4階、地下1階、中階有、（建築面積）1,420㎡、（延べ面積）2,227㎡
出 動 隊	タンク車2台、ポンプ車（CAFS装置付）1台、救助工作車1台、指令車1台、資器材搬送車2台、その他1台、消防団積載車等15台、消防職員32名、消防団員87名
受 傷 者	なし

　現場は、小高い山に位置し周辺には野球場とこれに付随する施設があるが、民家はなく、近くに消火栓や防火水槽も少ない場所である。また、同施設は旧焼却施設

の老朽化により、平成25年4月に新築され運用を開始したばかりの施設である。

　同施設の自動火災報知設備が作動し、火災通報装置からの通報により覚知した。通信指令員は、自動音声並びに自動発信地検索により現場を特定し、再呼システムにより呼出しをするが相手方の応答はない状態であった。当日は土曜日であったため、施設が休館で職員が不在である可能性を考慮し火災出動した。

　出動直後、通信指令員から「施設関係者から、クリーンセンター内のごみを焼却するホッパーから煙が出ており室内に充満している。熱気はあるが火炎なし。逃げ遅れ者なし」との情報を消防無線にて受信した。

活動概要

　初動は、タンク車1台4名、ポンプ車（CAFS装置付）1台3名で出動した。出動途上、現場方向に黒煙を確認した。活動については、水利確保の困難性と施設の水損防止を考慮しCAFSによる消火を選択、タンク車には中継送水を指示した。現場付近に到着後、関係者の誘導により出火棟出入口付近まで進入し現場到着となった。

　現場状況は、施設の天井及び排気口等から黒煙の噴出が確認でき、屋外から火炎は確認できない状態であった。関係者から、逃げ遅れ者、負傷者なしの情報を得た後、施設規模と一見した火災状況から消火隊1隊を増隊要請した（この時点で非番招集した職員による指揮隊、消火隊等の増隊が見込め、地元消防団の出動体制も整うと判断）。先着隊長が関係者より情報収集中、隊員から火点室を確認したとの情報を受け屋内進入する

写真17−2　15時31分撮影

と、1階の一室の約100㎡が延焼中で、側壁や配電BOX、電気配線等が延焼している状況であった。一室は輻射熱を感じる程度で黒煙等に遮られることなく、視界良好な状況下であった。隊員にCAFS使用による2線放水を指示し一室の火勢鎮圧を図った。

　その頃、地元消防団が集結を始めたため、水量が不足状態である旨を伝え消防本部車両への遠距離中継送水を依頼した。

　放水開始から約10分後には燃焼室を含めた1階及び5階の火勢はほぼ鎮圧したが、車

写真17－3　火点室焼損写真（一部）

写真17－4　制御盤焼損写真（一部）

両タンクの水量（2台分2,600L）が途絶える前に活動中の隊員を一旦退出させ、消防団からの中継送水が完了するまでの間、再進入のため資器材の準備と活動方針の確認を行った。

　消防団からの中継送水完了後、隊員3名で内部状況確認のため再進入を開始した。その際、2階及び5階にある配電盤から火炎を確認したため消火を実施した。さらに上階を確認すると熱気は増すが火炎は確認できない状態であった。指揮隊や後着隊も順次集結したため、火炎の確認と排煙などの活動を並行して実施した。その後、屋外から状況を確認するも黒煙等がなくなり早期の鎮圧状態となったが、施設上層階の熱気発生の特定に時間を要し鎮火の判断に遅延を来した。

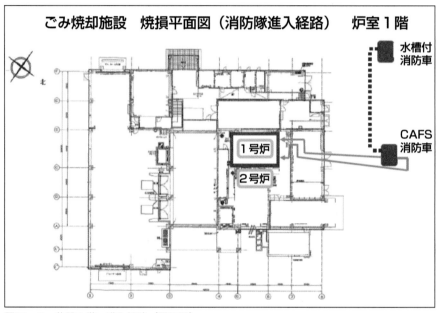

図17-2　施設1階　進入経路（平面図）

出　　動	15時17分（管轄署2台）
出動途上	15時19分　現場方向に黒煙確認
現場到着	15時24分
放水開始	15時29分
火勢鎮圧	16時36分
鎮　　火	16時57分
焼損状況	火元棟、部分焼、表面積95㎡（出火階数1階、炉室）

所　見

　早期から消防団との連携が図られ、限られた資機材（CAFS）と人員を有効的に活用し、最大の成果が得られたと考える。しかしながら、熱気がある上階への進入判断や対処、熱気の原因究明に時間を要し、鎮火までの判断に時間を要すなどの課題が残された活動であった。

18 合板製造工場において木粉を媒体として延焼拡大した火災

災害概要

　合板製造工場のドライヤー設備から出火、パウダー状の木粉を媒体として急速に延焼拡大し、鎮火まで長時間を要した火災である。

写真18-1　火災の概要

覚　　　知	平成28年4月某日18時33分
気　　　象	天候＝晴、風向＝西南西、風速＝1.6m/s、気温＝9.2℃、湿度＝44%
発生場所	準耐火構造一部2階建て工場（18,648㎡）
出　動　隊	消防署車両25台（指揮隊1台、消防隊14台、救助隊3台、はしご隊3台、救急隊1台、指揮支援隊1台、後方支援隊2台）、消防団車両4台（ポンプ車2台、小型動力ポンプ2台）、消防職員102名、消防団員41名
受　傷　者	なし

現場は管轄消防署から北西へ約３km、周囲には大規模な工場が建ち並んでいる。出火建物（以下「①建物」という。）は南北に長い構造で（南北方向に約330m、東西方向に約60m）、東側と北側が運河に面しているが、東側の河岸にはポンプ車が近接できない。北側は岸壁で揚水可能であるが、吸管直列吸水が必要となり放水量に制限を受ける。①建物周囲には屋外消火栓が14基、水源として120㎥の貯水槽が設置されている。

　工場中央にある乾燥設備から出火、火煙を発見した作業員が散水設備と屋外消火栓を使用して初期消火を試みたが火勢は収まらず、開放部から立ち上がった炎は、ダクトや天井、壁に付着したパウダー状の木粉を伝って急速に周囲へ延焼拡大した。発見者の依頼を受けた同僚が、発生場所付近から携帯電話で119番通報をした。

活動概要

　出動途上、指令番地方向に黒煙を認め延焼火災と判断、発生場所が大規模工場敷地内で、遠距離中継送水の必要が予測されることから指揮隊が第二出動を要請した。

　現場到着時、①建物中央部から南方向へ延焼が認められ、火炎は工場内南側の製品保管場所に達していた。開口部から①建物内部を視認すると、天井から広範囲にわたって火粉が落下し、各所に積み重ねられた製品合板や半製品から炎が上がっていた（**写真18－2**）。

4月　　　　　19時52分撮影

写真18－2　①建物内部の延焼状況（東側中央部付近）

4月 ■ 22時32分撮影

写真18-3　②建物西側の延焼状況（南側から撮影）

4月 ■ 22時52分撮影

写真18-4　①建物西面の延焼状況（南側から撮影）

　消防隊は当初、屋外消火栓に部署したが、大量の木材加工品への延焼が認められたことから、無限水利である運河からの中継送水に活動方針を変更、増隊要請を経て配置換えを行い、敷地北側運河からの遠距離中継体制を構築した（図18-1）。出火から約3時間40分後、①建物からの飛び火が、①建物西側に隣接する合板製造工場（以下「②建物」という。）の屋根上にあるダクト貫通部から内部に入り、天井付近に付着した木粉

に着火、火粉となって落下・浮遊し、工場内の各機械部に堆積した木粉に着火、炎上した。消防隊は水利能力に制限があるなか、放水可能の筒先５口を②建物内部に集中して製品合板への延焼を防止した後、屋根上からの高所放水による延焼阻止を主眼とする再度の配置変更を行った（**図18－２、写真18－３・４**）。

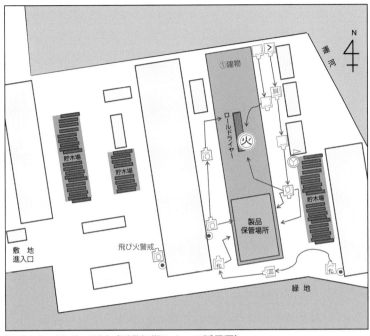

図18－１　防ぎょ図(1)（活動初期のホース延長図）

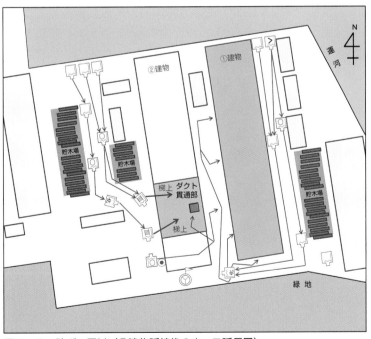

図18－２　防ぎょ図(2)（②建物延焼後のホース延長図）

火勢鎮圧	翌日15時30分
鎮　　火	翌々日8時40分
被害程度	人的被害なし、全焼1棟（準耐火構造一部2階建て工場18,648㎡）、部分焼1棟（準耐火構造一部2階建て工場19,328㎡のうち245㎡及び収容物焼損）

所　見

　本火災は、②建物への延焼拡大を阻止した後、①建物内部で炎上する木材加工品に対して、放水銃による大量放水を主体とする活動方針に変更し、出火から38時間余りを要して鎮火に至った。結果として人的被害はなかったものの、火勢や延焼速度に対して消防活動が後手に回り、長時間の活動と三度にわたる配置変更を余儀なくされたことから、災害推移を危険側に予測し、炎の先を制する部隊運用が必要であったと考える。

　本火災の原因は、単板を乾燥する過程で木材から発生する樹脂（ヤニ）がドライヤー内部に蓄積し、乾燥時の熱源によって発火したものと推定されている。また、工場各所に付着した木粉の存在が、短時間で広範囲に延焼拡大した要因と考えられる。木材加工工場では、これらによる出火や延焼拡大のリスクを適正に把握・管理することが、効果的な消防戦術の策定や火災予防に資するものと考える。

　火災後、火災発生事業所との合同による「防火対策検討会」を開催し、消防法令の枠にとらわれることなく、再発防止や被害の限定化を図るための具体的な手法を検討した。その結果、火元工場の再建に際し、事業所の理解と協力を得て、製造過程で発生する樹脂や粉じんの清掃周期及び清掃方法の再考、自動消火設備の能力強化、運河取水面の地盤整備等の対策を実現することができた。職員教育の充実や製造ラインと製品保管場所の区画化等の課題は残るが、現場活動の教訓や原因調査の結果を基に、警防・調査・予防の各分野の職員が一体となって積極的な防火対策を講じることができたものと考える。

19 開口部が少ない工場の火災

災害概要

　盆地特有の熱帯夜に発生した火災で、覚知から鎮火まで時間を要し隊員の疲労が強く見受けられた現場活動である。

覚　　　知	平成28年7月某日22時49分
気　　　象	天候＝曇、風向＝南、風速＝平均1.7m/s、気温＝26.1℃、湿度＝79％
発生場所	鉄骨造一部木造4階建てALC版一部スレート、陸屋根一部スレート葺の工場
出　動　隊	指揮隊車、化学車、救助工作車、電源照明車、ポンプ車4台、はしご車2台、屈折はしご車、救急車（第一出動） ポンプ車3台、救急車、指令車（第二出動） 消防団車両＝28台、消防署員＝46名、消防団員＝147名
受　傷　者	なし

　現場は、消防署から南へ1,300mの位置にあり、周囲は、東側に専用住宅、西側は作業場兼住宅が隣接し、南側は田畑、北側は幅員7mの道路を挟み専用住宅が軒を並べる。

　また、北東側160mに公民館、東側340mに雇用促進住宅がある。消防水利は、半径120m以内に公設消火栓が2基ある。

活動概要

　当該建物は、昭和43年に建築され、増改築が数回行われてきた鉄骨造一部木造の4階建て建物である。

　消火活動は、道路に面した建物外壁等のモルタル壁に亀裂やふくらみが生じ倒壊のおそれが発生したため、筒先部署を壁体等倒壊のおそれのない建物の角に設定し、全隊が送水圧力を抑え、モルタル壁等の状況監視を十分行うなかで防ぎょに当たった。

　屋内進入にあっては、建物全体の倒壊の可能性に加え内部は濃煙が充満しており容易に進入できず、排煙を効率よく行うため対面する開口部を確認するも、開口部（窓）のほとんどが内側からコンパネで塞がれ、有効な放水防ぎょが困難であった。そのため、

はしご車からの俯瞰注水のほか、消防隊や消防団による建物内部への注水は、数少ない開口部から行わざるを得ない状況であった。

　その後、高度救助隊により開口部や搬入口のシャッターをエンジンカッター等の資機材を使用し徐々に開放、排煙と同時に内部の状況確認と安全確認を行い、消防隊と消防団の連携により屋内進入を図ったことで消防力が優勢に至り、ようやく火勢は鎮圧状態となった。

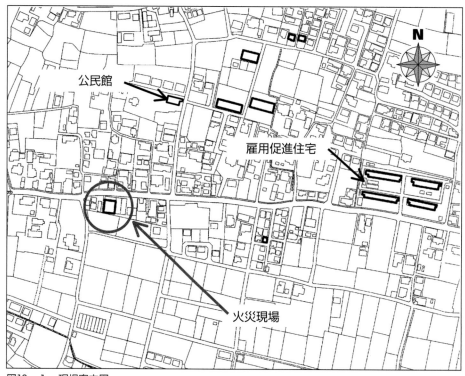

図19－1　現場案内図

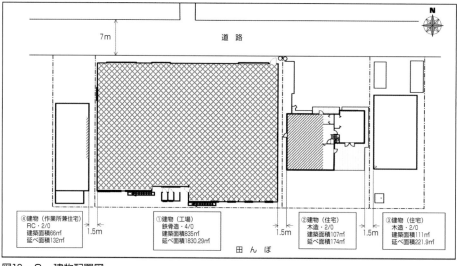

図19－2　建物配置図

しかし、建物内には箱詰めされた木製スティックやスプーン等が大量に積まれ、その多くが焼損し崩れ落ちていたため残火処理は重機を投入し、これら燃焼物を屋外に搬出、さらに、再燃防止を徹底するため拡散しながら注水を行い鎮火に至った。

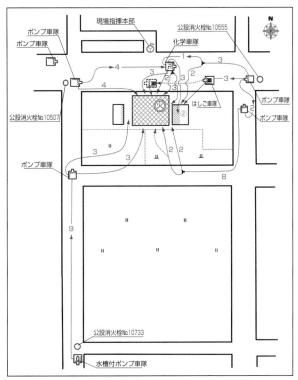

図19-3 火災防ぎょ図

写真19-1 工場北側からの防ぎょ活動

写真19-2　南側外周部を撮影

写真19-3　高所から撮影

写真19-4　建物内に保管された堆積物
アイスクリームのスティック（木棒）やスプーン（木匙）等

火勢鎮圧	翌日６時22分
鎮　　火	翌々日14時00分
焼損状況	全焼１棟（鉄骨造一部木造４階建てALC版一部スレート、陸屋根一部スレート葺の工場）、部分焼１棟（木造２階建ての住宅１）、ぼや２棟（木造２階建ての住宅２）の計1,958㎡を焼損。 全焼した工場は、アイスクリームのスティック（木棒）やスプーン（木匙）等を製造する会社で、建物内には商品が多量に保管されていた。

所　見

　当消防本部管内では、このような長時間にわたる火災はまれであり、活動基本方針や防ぎょ戦術等の確認作業を行うため、後日、消防署が主管となり、職員約70名が参加して事後検証を行うとともに、職員間での意見交換を実施した。

　本火災は、建物の外壁等に倒壊のおそれがあったことや、開口部が少なく排煙及び有効な放水防ぎょが行えなかったことで、覚知から鎮火まで長時間を要することとなった。

　また、盆地特有の熱帯夜に発生したため、消防隊員・消防団員の疲労が見受けられた。熱中症対策（水分補給・身体冷却）や休息等は各隊指揮者の判断によって活動状況に応じ実施させたため、活動全般を通して見ると効率のよい部隊運用とはいえなかった。

　なお、先着隊は後続の消防隊の進入路を確認してから部署したが、はしご車等大型車両の進入を考慮した部署位置の必要性など課題が挙げられた。

今後は、当消防本部が作成している管内の特殊建築物等の火災防ぎょ計画を再確認するなかで、指揮隊による総合的な統制について更なる研究を進め、これらの課題や反省点を踏まえた訓練を実施し、日々の精進をよりよい現場活動へつなげていく。

20 介護老人福祉施設に隣接したリサイクル工場の火災（近隣消防本部から応援を受けた事例）

災害概要

リサイクル工場で発生した火災で、介護老人福祉施設（火災発生時入所者82名）が隣接し、当消防本部だけでは対応できず、県消防相互応援協定に基づき近隣の消防本部（局）を応援要請して受援活動となった事例である。

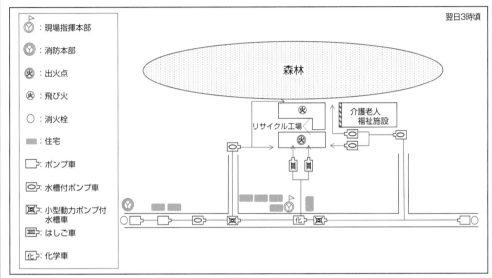

図20−1　火災防ぎょ図

覚　　　知	平成30年1月某日15時27分
気　　　象	天候＝晴、風向＝東北東、風速＝4.9m/s、気温＝18.8℃、湿度＝48%、注意報等＝なし
発生場所	準耐火鉄骨造1,488.68㎡
出 動 隊	指揮車2台、水槽付ポンプ車6台、ポンプ車2台、小型動力ポンプ付水槽車5台、化学車1台、はしご車2台、ブロアー車1台、積載車1台　計20台（うち応援車両13台）（消防団車両含む。）、消防職員延べ139名（うち応援消防本部（局）人員延べ83名）、消防団員延べ22名
受 傷 者	なし

　現場は、消防本部から直線距離で東北東約200mの場所に位置し、北側に森林、東側に介護老人福祉施設がある。当該事業所は産業廃棄物中間処理施設であり、平

成２年に創業、建物1,488.68㎡内に空き缶や繊維くず、廃プラスチック類から作成した固形燃料などが多数点在している。なお、同事業所は過去に数回小規模な火災を発生させている。

　従業員が油圧ショベルで作業中、下から白煙が出ていることに気付き、近くの作業事務所から水道ホースを延ばしたが届かない状況であった。更に出火し、炎上していったが、消火器の設置場所が分からず上司に連絡して設置場所を確認するとともに119番通報を依頼した。消火器１本を使い初期消火を試みるが、既に炎が周囲に広がっている状態で消火できなかった。

活動概要

　消防指令センターから「廃プラスチックが燃えて黒煙が上がっている」との指令内容で、消防車両３台（水槽付ポンプ車１台・ポンプ車１台・小型動力ポンプ付水槽車１台）が出動した。

　現場到着時、建物の開口部から激しく噴出する火炎や大量の黒煙とともに、破裂音が鳴り響き次々に延焼していった。東側に隣接する介護老人福祉施設は延焼の危険が極めて高かったため、入所者82名を敷地内の駐車場に避難誘導するとともに、出動車両だけでは消火困難と判断し、消防本部へ指揮隊及び全職員の招集を要請した。さらに、県消防相互応援協定に基づき近隣消防本部に対し応援を要請した。

　当消防本部出動車両は、北側（森林）と東側（介護老人福祉施設）の延焼防止に当

写真20−1　現場到着時、南側から撮影した出火建物

たった。水利は、東西約200mの位置にそれぞれ1か所消火栓があったが火勢に水量が追い付かず水利確保に苦慮した。応援隊到着後は、包囲戦術体制をとり消火するが可燃物が多く火勢の制圧ができないまま時間が流れた。

その後、出火建物の屋根が崩落したことで直接可燃物に放水することが可能となり、応援隊のはしご車2台で高所から大量の泡消火剤を放水した。これにより約13時間後の4時40分に鎮圧した。しかし、大量に圧縮された可燃物の至る所から白煙が上がっており鎮火に時間を要したため、当市建設協会との協定に基づき大型油圧ショベルを要請

写真20-2　介護老人福祉施設側から撮影した出火建物

写真20-3　一時避難した介護老人福祉施設の入所者及び職員

し、可燃物の攪拌（かくはん）とポンプ車からの放水を繰り返して出火から約46時間後の翌々日13時30分に鎮火した。

写真20-4　鎮火後の炭化した固形燃料

火勢鎮圧	翌日4時40分
鎮　　火	翌々日13時30分
焼損状況	準耐火鉄骨造1,488.68㎡が全焼。隣接している介護老人福祉施設の外壁及び一般住宅の倉庫（プレハブ）6.48㎡が焼損。計1,495.16㎡

所　見

　本火災は風向きが介護老人福祉施設とは逆方向であったことや早期に近隣の消防本部（局）に応援要請をかけて増隊できたことなどにより、被害を最小限に抑えることができた。しかし、出火から約46時間を要して鎮火に至り、長時間にわたる隊員の活動や応援隊に対する指揮不足など多くの課題が残った。後の事後検証会では、大規模火災時の署内マニュアルの作成や指揮隊の無線運用、当市水道部に協力を依頼して迅速に水利確保に当たること、現場活動隊員の交代時期など今後の対策を検討した。

　当消防本部は、通常14名で災害に対応しており、このような火災では職員の招集や近隣の消防本部（局）の応援要請により対応せざるを得ない状況である。近年、消防業務の多様化や住民ニーズの変化、複雑多様化する災害などに対応するためにも組織拡大は喫緊の課題である。人員配備の効率化と充実、消防体制の基盤を強化することで消防力が向上し、住民サービスの向上につながると考え、当消防本部も広域化に向けて前向きに検討している。

21 水利不便地域の倉庫火災（CAFS使用事例）

災害概要

　水利不便地域で発生した火災において、CAFS「自動泡混合装置」を初めて使用した建物火災である。

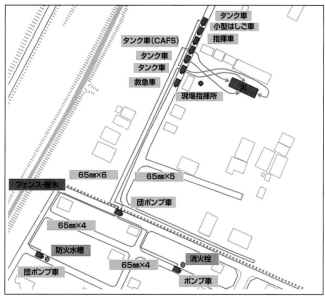

図21－1　火災防ぎょ活動隊形図
　　　　（システム提供：NTTコムウェア、地図データ提供：
　　　　NTT空間情報）

覚　　　知	平成27年７月某日19時24分
気　　　象	天候＝晴、風向＝南東、風速＝２m/s、気温＝13℃、湿度80%
発生場所	防火造平屋倉庫
出　動　隊	消防署車両８台、消防団車両２台、消防職員32名、消防団員24名
受　傷　者	なし

　火災現場は消防支署から北に3.7kmに位置し、建築会社敷地内の車両整備工場兼住宅資材用倉庫である。周囲は西側に河川、北側及び東側は原野に面しており、都

市計画法で定める用途地域は、指定のない地域となっている。また、水利状況は、火災現場から南側に位置する住宅街に公設消火栓1基、防火水槽1基が設置されているが、ネットフェンス及び樹木に隔てられているため、ホース延長が非常に困難な区域である。また、この地域では過去に火災が数回発生しており、水利体制の早急な構築が必要であると職団員に周知されている。

　通報時の状況は建物全体から白煙が立ち上がっている状況であった。なお、敷地内は就業時間が終了しており、無人の状態のため負傷者の発生はなかった。

　災害地点は市街地に隣接する原野に建築されているために、交通の便が悪く河川敷を大きく迂回する必要があり、消防隊が現場到着したのは覚知から7分後の19時31分であった。最先着隊が現場到着時、建物は既に火災最盛期であり、建物全体から火炎及び黒煙が噴出し隣接建物へ延焼の危険があった。

活動概要

　19時25分に建物火災の指令により、指揮隊車1台、タンク車5台（うちCAFS搭載車両1台）、小型はしご車1台、救急車1台、分団車2台が出動した。また、水利不便地域であることを考慮し指揮隊長の命により、後着隊及び分団車両に対して早急な水利体制の構築を指示した。なお、倉庫内部にはアセチレンガスボンベが設置されている可能性があるとの情報があった。

　最先着消防隊の現場到着時、倉庫内からは火炎の噴出とともに爆発音が発生してい

写真21−1　火災現場周辺の状況

た。敷地内に関係者等の逃げ遅れ者がいないことを確認、活動方針を建物及び周囲への延焼拡大阻止として活動した。後着消防隊とともに出火建物に対しタンク車両3線、CAFS搭載車両1線を使用して包囲隊形をとった。

　建物内には車両3台や、車両用オイル等の危険物をはじめ、大量の建築用資材等全てに延焼している状況で、消火活動に伴う障害が多数確認されたことから、現場指揮隊長

写真21－2　水利と出火場所を遮る障害物

写真21－3　残火処理の状況

はクラスＡ泡消火薬剤（一般住宅火災等に効果を発揮する泡消火剤）を活用した戦術が有効と判断し、建物正面からCAFSを使用し建物内の消火活動を実施した。

写真21－4　鎮火後の出火建物

　出火建物に対し早期に包囲隊形の形成を図り、CAFSを使用して効果的な消火活動を実施することにより、現場到着時に火災最盛期であった建物火災が早期に鎮火に至った。

火勢鎮圧	20時00分
鎮　　火	21時10分
焼損状況	全焼１棟（防火構造平屋倉庫、焼損床面積184㎡）、部分焼１棟（焼損表面積６㎡）、車両４台焼損

所　見

　本火災は、当消防本部が平成27年6月に策定した「CAFS搭載車両マニュアル」に沿った部隊運用を実施した初の事例であった。CAFSを運用する隊は当然ながら泡放水の特徴を熟知し活用していたが、マニュアルの制定によりクラスＡ泡消火薬剤の効果や活用の分類、CAFS使用時の火災現場活動の原則等を組織全体に示し、全隊が共通認識の下、より効果的な消防活動を実現することができた。

冬期における水利確保が困難な山間地での倉庫火災

災害概要

　山間地域に点在する農家の倉庫で火災が発生、自然水利として使用している河川２か所が冬期の渇水により水利確保困難と厳しい環境の中、消防団が長距離中継送水を実施し、小規模消防本部の初動体制と消防団との連携により鎮火を図ることができた事例である。

覚　　　知	平成29年１月某日21時38分
気　　　象	天候＝曇、風向＝西北西、風速＝1.1m/s、気温＝マイナス3.8℃、湿度＝64.7%
発生場所	木造平屋建倉庫
出　動　隊	水槽付消防ポンプ車３台、救助工作車１台、指揮車１台、消防団ポンプ車11台、消防団指令車１台、消防職員16名、消防団員109名
受　傷　者	なし

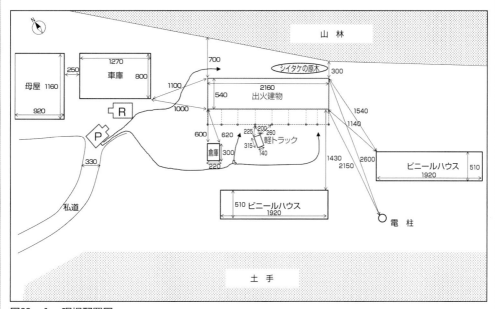

図22－1　現場配置図

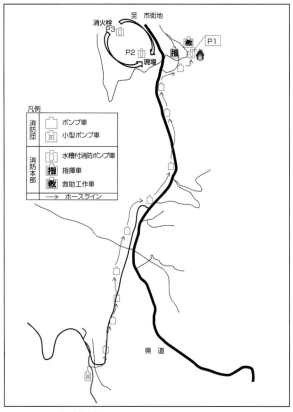

図22-2　中継体系図

　火災現場は当消防本部から南西に直線で6.6km離れた山林地帯の高台に位置し、県道に面した山のほぼ山頂部である。現場周囲は雑木林や畑に囲まれ、倉庫所有者の自宅、農作業用のビニールハウスがある。他の民家はなく、近くに消火栓及び防火水槽もない場所であるが付近2か所に河川がある。

活動概要

　出動計画により水槽付消防ポンプ車2台と指揮車1台で出動したが、指揮隊長は出動途上、山間地で夜間であることから大型照明を搭載した救助工作車と水利状況がよくないことを考慮し水槽付消防ポンプ車の部隊増強を指示した。

　最先着した指揮隊長は現場を一巡し、関係者からの聞き取りなどを実施、北東の林野への延焼危険を「大」と判断し、第1線に林野への延焼防止、第2線に倉庫南側からの放水を指示した。倉庫東側については、積雪があったので延焼のおそれはなしと判断した。

　さらに、現場までの進入路が狭隘なため消防車両の誘導、部署位置を指示した。

指揮隊は地元消防団へ早急に中継送水の要請をしたところ「水利まで約2kmと遠距離で高低差もあるため時間を要する」とのことであったが、消防団長と指揮隊長は協議し、遠距離による中継送水を決断した。

この間、水槽付消防ポンプ車2台により、麓の消火栓から消火用水を積載し現場までの輸送を計5回実施した。

消防団長の指示の下、消防団は可搬ポンプを河川まで降ろし、そこからポンプ車10

写真22-1　指揮隊、現場到着時の出火建物西側の延焼状況

写真22-2　出火翌日の火災現場（出火建物全体）の状況

台、65mmホース96本を使用し中継送水を開始した。

　河川から火災現場までの高低差は約87m、気温もマイナス6℃まで下がり、可搬ポンプの給油作業のため一旦放水を停止すると、各ポンプの中継口や放水口のコックが凍結し操作不能となり、再送水時にはホースが凍結し破裂するなどの事象もあった。

　また、ポンプ車からの冷却水により路面が凍結したため、融雪剤や砂の散布なども実施した。さらに、山間地のため、無線や携帯電話も不感地帯で使用不能であることから、伝令は車両を使用しての活動となるなど、最悪環境下の活動であった。

　このような過酷な状況の中、0時58分に鎮火に至った。

写真22−3　倉庫内に保存してあった、大量のこんにゃく芋とわらの状況

火勢鎮圧	23時25分
鎮　　火	翌日0時58分
焼損状況	116.64㎡全焼、軽トラック1台焼損

所見

　本事例は周囲に水利がなかったことから水利確保に非常に苦慮した活動となった。このような地域は管内に多くあることから、消防団との連携が重要であると再認識し、普段から顔の見える関係、信頼しあえる関係を築くことが必要不可欠だと感じた。

23 消火活動困難地域で発生した倉庫火災（CAFS使用事例）

災害概要

　延焼の危険性は低いが、消防水利、自然水利ともになく、消火活動において苦慮する地域で発生した倉庫火災である。

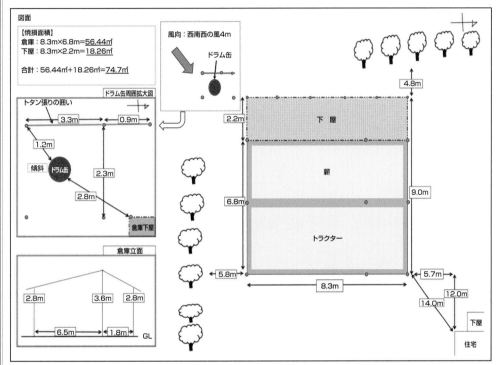

図23-1　建物配置図

覚　　　知	平成29年5月某日18時45分
気　　　象	天候＝曇、風向＝西南西、風速＝4.4m/s、気温＝15.6℃、湿度＝74%
発 生 場 所	木造平屋建倉庫
出 動 隊	消防署車両6台＝水槽付消防ポンプ自動車（以下タンク車）3台、小型動力ポンプ付水槽車（以下水槽車）1台、広報車1台、指令車1台 消防団車両4台＝ポンプ車1台、小型動力ポンプ付積載車（以下積載車）3台 消防職員20名、消防団員59名
受 傷 者	なし

火災の現場は、消防本部から直線距離で南東に11.4kmに位置する個人所有の倉庫であり、周囲には牧草地、畑、民家、地域会館が点在しているものの延焼の危険性は低い。しかし、水利は公設の消防水利や充実した自然水利はなく、消火活動においては苦慮する地域である。

　17時30分頃に建物所有者の妻が倉庫から２m程離れたところに置いてあったドラム缶に家庭ごみを入れマッチで火を点けたが燃え上がらなかった。風が強かったのでその場で３分程様子を見て、消えたと思い家に戻った。18時42分頃に建物所有者が自宅台所の窓から倉庫の方面に煙が上がっているのを発見し、確認のため倉庫の方に向かうと、倉庫の戸から火炎が噴出し、黒煙が上がっていたため自宅に戻り消防に通報した。

　出火建物は木造平屋建、屋根及び外壁は波板トタン張、内部の仕上げはなく倉庫として使用しており、薪やトラクター、ガソリン、軽油が保管されていた。倉庫の西側には波板トタン張の屋根と柱のみで構成された下屋が接していた。

　倉庫の西側（下屋側）では、屋根の垂木が焼失し波板トタンが剥がれ落ち、柱は全体的に上部が下部より焼きが強く、下屋は柱がごく一部残存しているがほぼ焼け落ちていることから倉庫西側に接した下屋の焼きが一番強い状況であった。

活動概要

　火災出動の指令を受け、消防本部からタンク車、水槽車の２台で出動すると同時に出張所からもタンク車が出動した。

　先着隊が現場到着した時点では建物全体から火炎が噴出しており、火災は最盛期の状

写真23－1

写真23-2

況であった。直ちに特に火勢が強かった建物正面の開口部を集中的に放水し、消火に当たった。

　後着のタンク車は先着隊からの情報を得て建物正面付近に部署し、建物東側からCAFSでの放水を開始した。

　19時26分に火勢鎮圧となったが、下屋及び倉庫内部に約1.5m野積みされた薪から白煙が上がっていたため、送風機で下屋及び倉庫内部の排煙と野積みされた薪への注水を継続しながらマンパワーで野積みされた薪を排除し、21時17分に完全鎮火に至った。

火勢鎮圧	19時26分
鎮　　火	21時17分
焼損状況	倉庫全焼（焼損床面積74.7㎡）

所見

　現場で初めてCAFSを使用したが、その効果の有無については、後日行った署内火災検討会において様々な意見があった。本事例の場合は現場到着時に既に火災が最盛期の状態であり、最盛期における消火効果については更なる検証が必要であると思われるが、残火処理での使用は節水の面でも大いに効果が感じられたことから、水利状況を考慮して活用するべきではないかとの見解に至った。

24 急勾配の山林において発生した林野火災

災害概要

　山間地域で発生した林野火災で、迅速な活動と消防団との連携、さらに、的確な防災ヘリの散水により延焼拡大を免れた事例である。

覚　　　知	平成26年4月某日14時47分（119専用電話）
気　　　象	天候＝晴、風向＝南南西、風速＝4.1m/s、気温＝21℃、湿度＝23%
発生場所	国道沿いの山林
出 動 隊	A消防署4台12名、B消防署1台4名、消防団7台123名、防災航空隊2隊
119番通報内容	「ごみを焼却中、山林に燃え広がってしまった」
受 傷 者	なし

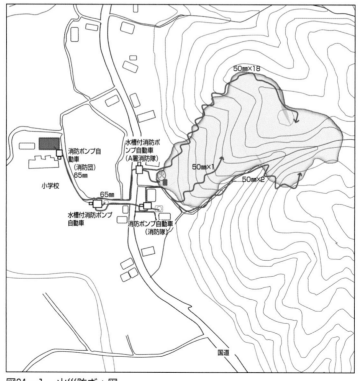

図24-1　火災防ぎょ図

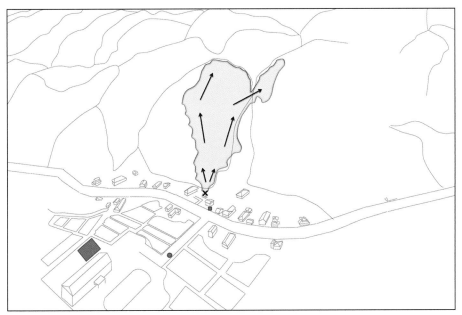

図24－2　延焼経路図

　現場は、直近の出張所から南に約５km離れた山林で、南北に延びる国道沿いの住宅東側の山林が延焼中であった。水利は国道沿いの防火水槽及び公設消火栓、さらに、３月に廃校となった小学校のプールがあり、水利は比較的良好である。
　この火災の通報は、火元者が「ごみを焼却中、山林に燃え広がってしまった」と119番通報をしてきたもので、初期消火は行われていなかった。

活動概要

　14時47分に指令室から林野火災の指令を受け、第二出動として直近出張所（ポンプ車）、A署（連絡車、タンク車）、B署（タンク車）が出動した。さらに、消防団１支団４個分団（ポンプ車及び可搬積載車計８台）が同時出動した。出動途上、白煙上昇を視認し山頂方面へ広範囲に延焼拡大していることが容易に確認されたため、防災ヘリ要請の予備情報を入れるよう指令室に指示した。
　覚知から９分後に出張所隊が現場到着すると、山林の麓から山頂に向け地表部が延焼しており、出火箇所の近くにある神輿小屋への延焼も確認できた。直ちに直近防火水槽に部署するとともに消火体制をとるも、山頂方面は急傾斜で延焼速度も速く山頂方向の延焼阻止は困難な状況であった。
　先着の出張所隊と消防団員で山林南側及び神輿小屋の消火・延焼阻止に当たり、後着のA署隊により山林北側の消火・延焼阻止及び国道沿いの住宅への延焼阻止を図った。B署隊にあっては、公設消火栓に水利部署し出張所隊及びA署隊に補水隊形をとると同

時に、消防団に廃校した小学校のプールに部署し水量の確保を図るように指示した。

　山林北側・南側への延焼阻止のため消防隊・消防団員でホースの運搬・接続を繰り返しながら山頂に向け高さ約100mの急傾斜山林を傾斜に合わせて蛇行する形で50mmホース３線合計50本を延長し放水を実施した。このときの放水圧力は元ポンプ圧力1.3MPaで筒先は0.3 〜 0.4MPaの圧力が確保でき、高低差、延長ホースの本数から考えると十分な水量を得ることができた。

写真24− 1　消火活動状況

写真24− 2　急傾斜のため、ヘリにより消火

写真24-3　防災ヘリ2機の給水状況

写真24-4　出動途上車内から白煙の上昇を確認

　さらに、延焼範囲が広範囲であったため、東側山林への延焼阻止を図り防災航空隊ヘリに空中から散水消火活動を依頼し、2機から計10回の散水を実施するとともに、地上からは消防隊・消防団員によりホースを400m以上延長し延焼阻止活動を行った。18時01分に鎮圧となるも日没のため活動は危険と判断し下山、鎮火に至らず。夜間は消防隊・消防団員が交代で見回り等の警戒活動を実施した。

　翌日は夜明けとともに延焼状況の確認を行い白煙の上昇が確認できた位置を集中的に放水し、再燃防止のため山頂まで延長したホースを途中で離脱しながら麓まで放水を繰り返し行った。さらに、ジェットシューター（背負式消火水のう）を装備し巡回、放水し同日11時50分鎮火に至った。

写真24-5　火災現場を防災航空隊が撮影

写真24-6　消防団と連携してのホース延長状況

現場到着	14時57分
火勢鎮圧	18時01分
鎮　　火	翌日11時50分
出火原因	ごみ焼却の飛び火
焼損状況	山林（檜・杉）1.9ha、神輿小屋約16.6㎡

　本事例は、急傾斜地で活動が困難な現場ではあったが、出動隊がそれぞれ単隊で南、北側の高低差約100mの急勾配山林を、高低差による落水等を考慮しながらホース21本を延長し消火活動を実施、さらに、ホース延長が困難な東側を防災航空隊が空中から散水消火することによって延焼拡大を阻止することができた。また、地域消防団の早急な出動要請を実施し、協力・連携により功を奏した事案であった。

林野火災24

25 消火活動が困難な林野火災（防災ヘリ及び自衛隊ヘリとの連携事例）

災害概要

　消火活動が困難な林野火災において、消防団と協力した遠距離中継送水、消防防災航空隊、近県消防防災航空隊及び自衛隊との連携により効果的な消火活動を行い早期に鎮圧した事例である。

写真25−1　自衛隊ヘリからのバケット消火活動

覚　　　知	平成28年３月某日16時30分
気　　　象	天候＝晴、風向＝西、風速＝3.2m/s、気温＝13.4℃、湿度＝25％、注意報等＝乾燥注意報
発生場所	山林
出 動 隊	消防署車両33台、消防団車両24台、消防職員＝延べ人員150名、消防団員＝延べ人員204名、防災航空隊：ヘリ＝５機、出動隊員＝延べ人員50名、自衛隊：ヘリ７機、特科隊、ヘリコプター隊、方面航空隊、自衛隊地方協力本部
受 傷 者	なし

現場は消防本部から西へ直線で20kmに位置した山間部である。
　　住宅への延焼危険は低いものの、山林であるため消火活動に有効な水利はなく、この季節特有の風にあおられ広範囲に延焼拡大することが懸念される状況であった。

活動概要

　出動直後、山岳部方向からおびただしい量の白煙が上昇しているのを確認、消火活動が困難であることが予想されたため、出動隊の増隊を図るとともに、空中消火を念頭に県消防防災航空隊へ出動を要請した。また、消火活動が長時間に及ぶことが予想されたため、市防災関係機関への連絡を要請した。

　現場到着時、付近一帯に白煙が漂っている状況で、北側・西側山林の斜面、中腹から山頂にかけて10か所ほど、西側の山林内からも3か所ほどから炎が上がっていた。

　厳しい水利状況のなか、地上の部隊は消防団と協力し、現場南側の自然水利から吸水し、消火活動を実施したが、活動は困難を極めた。

　日没に伴い、今後の活動方針を協議し、翌日から近県防災ヘリ及び自衛隊ヘリを投入することを決定した。

　夜間については、地元分団に警戒を依頼、翌日の活動に備えほかの隊は撤収した。

　翌日6時40分に防災航空隊から散水を開始した。ヘリコプターによる空中消火で延焼拡大は阻止できたものの、火が所々斜面の深い部分にまで達しており、表面の土を除去しながら背負式消火水のうで消火するなど、山岳部の斜面を移動しながらの困難な作業

写真25-2　熱を放ち、燻っている表土

111

となった。隊員の疲労も考慮し定期的に人員の交代を行い、消火活動と並行して本部職員及び非番職員による食料や燃料の搬送等のバックアップを行った。

　翌々日15時22分の消防防災航空隊による最終散水までに、近県防災ヘリ及び自衛隊ヘリにて計118回、280,250Lの散水を実施した。

　出火推定時刻から約49時間後の翌々日16時20分に鎮火した。

写真25－3　麓から見た焼損状況

写真25－4　自己確保を取りながらの残火処理

写真25-5　山頂から見た焼損状況

現場到着	17時10分
火勢鎮圧	翌日17時00分
鎮　　火	翌々日16時20分
焼損面積	19ha

所　見

　本火災は、発生場所が山間部であり、水利の確保が困難であったことに加え、乾燥注意報が発表されているなど気象上の悪条件が重なったため、延焼拡大し、消防活動は長時間に及ぶこととなったが、関係機関との連携により鎮火に至った。

26 建物火災から飛び火した林野火災

災害概要

建物火災から強風にあおられ山林に飛び火し、延焼拡大した事例である。

覚　　　　知	平成29年３月某日12時24分
気　　　　象	天候＝晴、風向＝西、風速＝6.3m/s、気温＝12.8℃、湿度＝29.1％、注意報等＝乾燥注意報、強風注意報
発 生 場 所	木造２階建て専用住宅
出 動 隊	消防署＝指揮車（４名）、水槽付化学消防ポンプ自動車（５名）、大型水槽車（２名）、水槽付消防ポンプ自動車（３名）、水槽付消防ポンプ自動車（５名）、高規格救急自動車（３名）、高規格救急自動車（３名）、資機材搬送車（４名）、広報連絡車（４名）、指揮官車（２名）、消防団＝144名、消防ポンプ自動車（４台中２台放水・送水あり）、可搬ポンプ付積載車（16台中11台放水・送水あり）、防災ヘリ＝県防災ヘリ（散水10回）
受 傷 者	２名

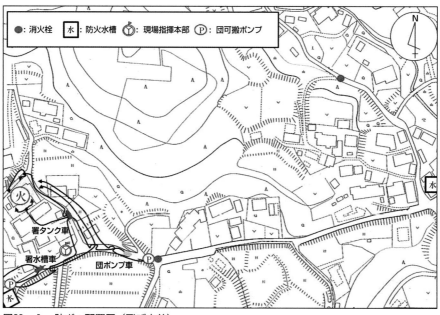

図26－１　防ぎょ配置図（飛び火前）

写真26－1

　火災現場は、消防署から西へ2.4kmの地点、都市計画法のその他の用途地域で、住宅が点在し南側には田畑が広がり、山林を背にして集落を形成している。火元建物は南側建物と約1.5m、東側建物と約8m、西側建物と約30m、北側建物と約24m離れて位置している。消防水利は、火元建物から直線約80mの位置に40㎥級防火水槽が整備されており、さらに、南側には用水路が流れ比較的水利が充足されている。

活動概要

　木造2階建、専用住宅1階台所付近から出火、1世帯2名のうち高齢男性1名の逃げ遅れ者がいるとの火災指令により指揮隊、消防隊、救急隊の5隊が出動した。消防指令センターからの支援情報及び通報者への架電内容に基づき、指揮隊長は人命救助最優先及び延焼阻止活動を下命した。さらに、消防隊及び救急隊を増隊要請し、当日の気象状況（瞬間最大風速：15m/s）に加え、現場付近は山林に囲まれていることから、県防災航空隊に対して情報提供を行った。

　現場出動途上、指令方向に白色から少々黄色味を帯びた大量の煙を確認、炎上火災と判断した。指揮隊現場到着時（12時34分）、付近住民により火元建物から救助された男性（意識あり・全身熱傷）を確認した。ほかに逃げ遅れ者なしとの確定情報を得るとともに、ドクターヘリを要請し12時59分、現場南側休耕田に着陸、傷病者を三次医療機関へ搬送した。

115

一方、火元建物は南側玄関とその周囲の部屋から火炎及び黒煙が噴出しており、火災最盛期であった。消防隊により火元建物北側及び南側へ１線延長分岐隊形、東側へ１線延長し消火活動を展開、加えて強風による山林への延焼を懸念し、12時50分に県防災航空隊を上空偵察のため要請した。さらに、消防団には、災害点の東西100m付近に飛び火警戒ラインの設置を依頼した。

　火元建物への消火活動が終盤に差し掛かった13時23分に折からの強風により東側山林

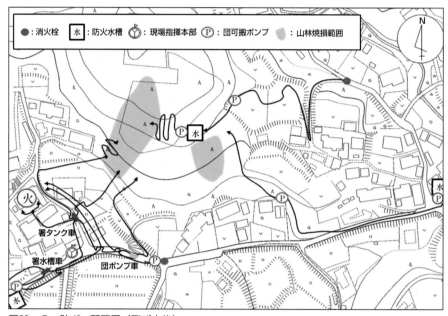

図26－2　防ぎょ配置図（飛び火後）

写真26－2　延焼拡大状況

へ複数箇所の飛び火（火元建物から東へ約90m〜150m程度）を確認、消防隊及び消防団員により地上からの消火活動を実施し、県防災航空隊には空中消火を要請した。地上部隊による消火活動及び空中消火（10回）を継続し14時55分鎮圧（山林）、15時49分鎮火した。

火勢鎮圧（建物）	13時12分
火勢鎮圧（山林）	14時55分
鎮火（建物・山林）	15時49分
焼損状況	全焼２棟、部分焼１棟、ぼや３棟、山林（焼損面積18ａ）
放 水 量	122㎥（防火水槽及び河川）

所 見

　本火災は、高齢者宅からの出火事案であり、火災気象通報発表中及び最大瞬間風速15m/sの状況下、早い段階で消防団に対し現場付近の用水路から中継送水及び飛び火警戒隊の配備を依頼するとともに県防災航空隊を要請、各隊と連携し被害を最小限に抑えることができた。飛び火の対応としては、現場指揮本部を起点とし出火建物側と山林側に前進指揮として指揮隊員を配置し、指揮命令系統を確立し対応した。

　しかし、飛び火による広範囲の活動に対して山林という足場の悪い環境の中、このような事案は消防隊及び消防団員の経験も少なく、指揮隊としても統制が難しく安全管理に不安を感じた。

　火災の状況によっては隣接民家と付近山林への延焼拡大、水源不足による長距離中継送水、災害の長期化及び高速道路通行障害など、更に複雑拡大化し困難を極める災害となる状況であった。

　本火災が最小限に抑えられたのは、地元住民、地元消防団員の迅速な行動及び連携・協力により、自助・共助・公助が結成されたためであった。

災害概要

強風時に発生し、飛び火により延焼拡大した林野火災である。

図27－1　林野火災焼損状況図

覚　　　知	平成29年５月某日12時05分
気　　　象	天候＝曇、風向＝西、風速＝16.5m/s、気温＝20.4℃、湿度＝38.3%、注意報等＝暴風警報、乾燥注意報
発生場所	山林
出　動　隊	出動車両：消防署車両＝27台（うち応援消防本部車両５台）、消防団車両＝53台 出動人員：消防職員＝延べ人員110名（うち応援消防本部人員19名）、消防団員＝延べ人員297名
119番通報内容	「山林が燃えている」
受　傷　者	なし
その他	消防ヘリ１機、コンクリートミキサー車13台（市災害時支援協定締結団体事業所）、バックホー（油圧ショベル）２台（消防団協力事業所）

　現場は、消防本部から北西約2.1kmに位置した山林から東側約２kmにある住宅密集地域までである。水利は、住宅密集地域に消火栓が５個設置されており、さらに、現場南側に通る市道沿いに通年有効な水量が流れる堰（せき）があるが、山林等から出火した場合は距離があるため、一概に良好とはいえない。

活動概要

　12時05分に出火現場北側に居住する住民の携帯電話から「山林が燃えている」との119番通報にて覚知した。12時06分に林野火災第二出動の指令を受け指揮車を含む7台が出動した。出動途上に白煙が東側へ流れているのを確認、現場到着すると山林が強い西風にあおられ火の粉が舞い上がりながら延焼しているのを確認した。当日は市東部に暴風警報、乾燥注意報が発表されており、延焼拡大のおそれが高いため、出動隊の増隊を図った。さらに、空中消火を念頭に県内及び近県の防災航空隊に出動要請をするが、強風による運航不可又は同時刻に発生した災害対応等のため要請を断念した。

　先着隊が3線5口にて防ぎょに当たり、その後ポンプ車5台により遠距離送水し防ぎょ活動に当たるが、飛び火により北側の山林へ延焼拡大、さらに、東側の山林及び休耕田の枯れ草へ延焼拡大した。消防団と連携した消火活動を実施したが、消火活動は困難を極め、飛び火による延焼は更に東側へ進行し、住宅密集地域に延焼するおそれがあったため、地域住民の避難について市防災関係機関と協議し、市内高校体育館を避難場所に設定し避難を実施した。また、県広域消防相互応援協定に基づき近隣消防本部に応援要請し、さらに、県災害時相互応援協定に基づき隣県消防本部にも応援要請を行った。

　その後、延焼は山林から住宅まで拡大したため、市災害時支援協定締結団体の市内事業所にコンクリートミキサー車の協力を要請し消火用水の確保を図るとともに、消防団協力事業所のバックホーを活用し消火活動を行った。さらに、山林の消火に当たっていた消防隊及び消防団も転戦して延焼防ぎょを行い、20時12分に鎮火した。翌日、消防ヘリにより上空偵察を行った。

写真27-1　炎上している山林と住宅

写真27-2　炎上している山林

写真27-3　山林の焼損状況

写真27-4　住宅の焼損状況

写真27-5　消防ヘリによる上空偵察

現場到着	12時13分
火勢鎮圧	18時12分
鎮　　火	20時12分
焼損状況	林野561.718ａ、枯れ草等774.4㎡及び建物24棟

所　見

　本事例は市東部に暴風警報及び乾燥注意報が発表中の火災であり、強い西風にあおられ飛び火による延焼が約２kmの範囲内に同時多発的に発生したため、防ぎょ活動に大変苦慮した火災となった。本火災を受けて事後検討会では山間部での火災で水利の確保が困難な状況においては、迅速な水利統制のほか、災害時における応援体制等に関する協定に基づき、各機関に対し速やかに協力を要請し水利確保に努めること、また、消火活動が長時間に及ぶ場合は、現場指揮本部が休憩所を設置して部隊の交替体制を確立し、消防吏員及び消防団員の安全管理に努めることなどが今後の対策として検討された。

28 広範囲の林野火災（防災ヘリ及び消防団との連携事例）

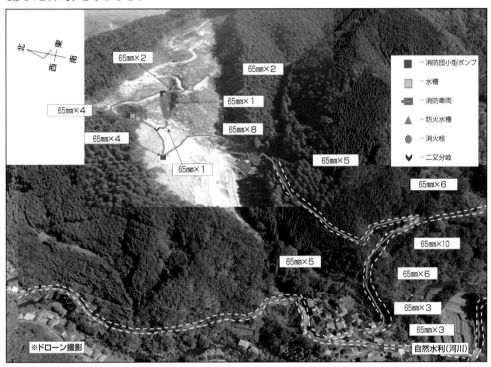

災害概要

　急傾斜地で車両の進入が困難な伐採地において、防災ヘリ、消防団と連携して活動した林野火災である。

凡例
- ■ ＝消防団小型ポンプ
- □ ＝水槽
- ＝消防車両
- ▲ ＝防火水槽
- ● ＝消火栓
- ＝二又分岐

図中の記号：
- 65mm×2
- 65mm×2
- 65mm×1
- 65mm×4
- 65mm×8
- 65mm×4
- 65mm×1
- 65mm×5
- 65mm×6
- 65mm×5
- 65mm×10
- 65mm×6
- 65mm×3
- 65mm×3
- 自然水利(河川)

※ドローン撮影

図28－1　火災防ぎょ図及び現場（全体）2日目

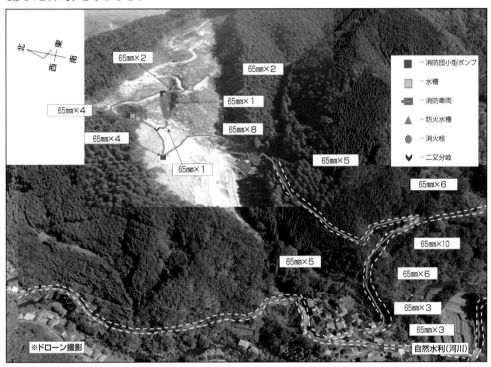

覚　　　知	平成30年10月某日14時48分
気　　　象	天候＝晴、風向＝西北西、風速＝4.2m/s、気温＝23.3℃、湿度＝86.5%
発 生 場 所	山林
出 動 隊	活動隊　延べ10台　消防活動2輪車　延べ4台 支援隊　延べ5台　消防活動2輪車　2台 防災消防航空隊1機 消防団小型ポンプ9台 消防職員延べ　57名 消防団員延べ　204名
受 傷 者	なし

林野火災28

火災現場は、直近分署から南東へ直線距離で約２kmの山間部に位置する約2.4ha
の伐採地である。伐採地は急傾斜地であるため、作業道が設けられているが車両の
進入は困難な状況である。
　現場付近までの道路状況については、集落を貫く上り勾配の狭隘道路を進み、更
に未舗装の荒れた林道を走行しなければならず、走行には細心の注意が必要であっ
た。
　消防水利は現場西側方向約500mの位置に防火水槽及び自然水利があり、現場か
ら南東方向へ直線距離で約6.5km離れた消防署から水槽車が出動したものの、現場
近くまで進行することができず、林道入口への部署となり、水利の確保に困難を極
めた。

活動概要

１日目

　14時48分に入電した時点で、消防署からも上昇する白煙を確認した。出動途上の消防
署指揮隊長より、通信指令室へ防災消防航空隊（以下「防災ヘリ」という。）の出動要
請を指示した。

　15時07分に直近分署消防隊が現場到着した場所からは、延焼している範囲が白煙に覆
われ一部しか確認できず、全体の状況把握は困難であった。また、伐採地周囲は植林地
であり風にあおられ延焼拡大のおそれがあった。

写真28－1　消防車両部署位置から撮影（１日目）

写真28－2　消防隊による消火活動（1日目）

写真28－3　現場全景を西側上空から撮影（1日目）

　伐採地で炎上していたのは、伐採により堆積した樹木の枝葉等であり、地表をはうように燃え広がっている状態であった。先着分隊長は伐採地の下方へ燃え広がっている箇所を目標にホース延長を下命した。消防署からの出動隊が現場到着した15時17分には、先着隊は第1線ホース延長中であり、1線2口体制をとり15時33分に放水を開始した。

　水利の確保については、地元消防団へ自然水利からの遠距離中継送水を依頼するとともに、水槽車から現場直近の水槽付消防ポンプ自動車への中継を依頼した。

後着の支援隊によりドローンを活用した延焼範囲の撮影をしたところ、山頂付近に向けて広範囲で炎上していることが確認でき、消防隊への情報連絡をした。

　また、防災ヘリは15時52分に上空到着後、山頂付近に延焼拡大している範囲を確認し、消防隊と連携して現場北側に流れる1級河川から給水し空中消火活動を開始した。燃料の残量や日没時刻により活動時間が制限される中、給水地点が近かったため、およそ5分間隔で計9回の空中消火を実施した。活動後に、近隣消防本部管内で給油を行い、上空偵察後にその状況を消防隊に情報連絡し、日没時刻が迫っていたため帰投となった。

　消防本部の対応は、消火活動が長時間に及ぶことが予想されることと、広範囲であることから支援隊（飲料水・照明器具の搬送）の投入及び非番員招集を行った。

　1日目は消防職員22名、消防団114名による消火活動を行ったが、日没のため、18時00分に消火活動を中断せざるを得なかった。

　17時45分に地元村役場に設置された警戒本部で、関係機関が参集し翌日の消火活動について協議した結果、防災ヘリと連携し、翌日の早朝に上空偵察を実施後に、消防戦術を決定する旨を申し合わせた。

　また、地元村長が自衛隊ヘリの出動を要請した。

2日目

　消防戦術を検討するに当たり、防災ヘリによる上空偵察のため、地元副村長、消防団長、消防署長が搭乗する予定であったが、盆地特有の濃霧により断念し、自衛隊ヘリも濃霧により出動不可となった。ドローンによる上空からの現場把握を試みるも、同じく濃霧により困難であったため、人海戦術による活動方針を示し、消防職員25名、消防団員90名にて現場へ出動した。

　地元消防団と連携し、自然水利から小型ポンプ9台及び当消防本部の水槽付消防ポン

写真28−4　消防団による活動（2日目）

プ自動車（現場直近に部署）により、自然水利から伐採地の作業道の２か所に設置した簡易水槽に充水した。その後、背負式消火水のうを活用した消火活動を開始するとともに、木材等が堆積して燻<ruby>燻<rt>くすぶ</rt></ruby>っている箇所へは消防ホースを延長して消火活動を行った。

　現場の濃霧が晴れるのを待ってドローンによる現場把握を実施したところ、木材等の堆積している箇所を除き鎮静化に向かっていたため、消防団と連携し背負式消火水のうによる消火活動を継続した。

　また、濃霧が晴れたことから防災ヘリを要請し、上空からの偵察を依頼した結果、山頂付近の焼け止まり等の延焼状況に係る情報を得たため、地上の消防隊を統制し、背負式消火水のうを使用した人海戦術による消火活動を継続した。さらに、木材等が堆積して燻っている箇所には、防災ヘリによる空中消火を行い、11時39分に鎮圧、12時30分に鎮火した。

火勢鎮圧	翌日11時39分
鎮　　火	翌日12時30分
焼損面積	約3.2ha

林野火災28

所　見

　本火災は、広範囲で、鎮火までにおよそ22時間を要し、防災ヘリと地元消防団と連携した活動となった。併せてドローンを活用した現場上空からの撮影により統制のとれた活動へとつながった。また、水利の確保については地元消防団が小型ポンプ最大９台で中継し、現場には簡易水槽を設置して背負式消火水のうへ給水するなど、効率的な消火活動ができた。

　本事例では、早期に防災ヘリと地元消防団を要請し、植林地への被害を最小限にとどめることができた。

災害概要

港沖合において発生した船舶火災である。

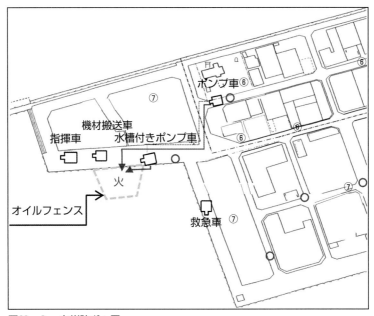

図29-1　火災防ぎょ図

覚　　　知	平成27年5月某日4時34分（携帯電話からの119番通報）
気　　　象	天候＝晴、風向＝東、風速＝1m/s、気温＝17.2℃、湿度＝78.8%、注意報等＝乾燥注意報
発生場所	港から西方向沖合3.0km付近
出　動　隊	指揮車1台、ポンプ車1台、水槽付ポンプ車1台、救急車1台、機材搬送車1台、海防団漁船5隻、消防職員12名、海防団員20名
119番通報内容	「港から西方向沖合3.0km付近において1人乗り小型底引き網漁船の操舵室から出火、消火器等では消火に至らず同業者漁船で港まで曳航する」
受　傷　者	なし

現場は消防本部から西へ直近距離約2.4kmに位置し、漁船や定期船等が行き交う港で、周辺は卸売魚市場をはじめ、水産業が盛んな港町で準工業地域に指定されている。

　4時34分「港から西方向沖合3.0km付近において1人乗り小型底引き網漁船の操舵室から出火、消火器等では消火に至らず同業者漁船で港まで曳航する」との119番通報があった。

活動概要

　市に海防団の出動を要請するとともに、消防署からは泡消火薬剤による消火並びに重油流出を考慮した車隊編成で、指揮車、ポンプ車、水槽付ポンプ車、機材搬送車、救急車が出動した。現場到着時、罹災船舶は岸壁に係留されており、操舵室が原型をとどめず黒煙を噴出しながら延焼中であった。関係者から「負傷者、要救助者なし」との情報を得た。消火及び流出重油の処理を重点とした活動とし、水槽付ポンプ車は火点直近に部署、ポンプ車から中継送水を受け操舵室を重点に1線1口東消式簡易発泡器による消火活動を実施した。流出重油の拡散防止と回収処理については、海防団漁船5隻でオイルフェンスを展張し、海防団員が吸着マット等で回収作業に当たった。海上保安署は可搬ポンプで沈没を防ぐための排水処置を実施した。各関係機関との連携活動により5時02分鎮圧状態となり、5時38分に鎮火に至った。

写真29－1　小型底引き網漁船の全景

流出重油の回収作業は鎮火後も引き続き行われ、少量浮遊する重油を中和剤処理し回収処置を完了した。

写真29−2　操舵室・エンジンルームの消火活動

火勢鎮圧	５時02分
鎮　　火	５時38分
焼損状況	小型底引き網漁船（ＦＲＰ製4.4ｔ）全焼

所　見

　本事例では、海防団の迅速で的確な対処により重油流出による被害を未然に防ぐことができた。

30 水素ボンベを積載した大型セミトレーラの車両火災

災害概要

　水素ステーション（水素燃料自動車に対する水素供給施設）に対して圧縮水素を充塡するための水素ボンベを積載した大型セミトレーラ（以下「トレーラ」という。）が、自動車専用道路上において炎上した火災である。

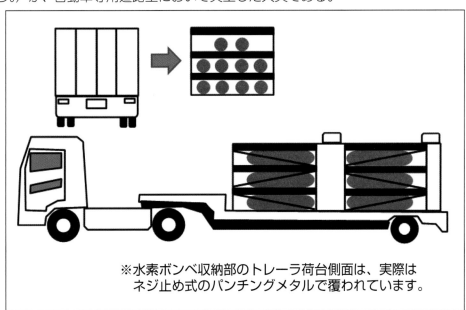

※水素ボンベ収納部のトレーラ荷台側面は、実際は
　ネジ止め式のパンチングメタルで覆われています。

図30-1　車両イメージ

覚　　知	平成26年10月某日５時13分
気　　象	天候＝晴、風向＝北東、風速＝３m/s、気温＝18.2℃、湿度＝79%
発生場所	自動車専用道路上
出 動 隊	消防署車両９台（指揮隊１、特殊災害対応隊１、特別救助隊１、救急隊１、水槽車等消防隊５）、消防職員43名
受 傷 者	なし

　自動車専用道路を走行中のトレーラが、走行中に異常が発生したため停車したところ、後輪付近から火災が発生した。
　運転手は火災発生後、すぐに消火器２本を使用しトレーラ後輪部への消火活動を

車両等火災30

131

行ったが火勢が収まらず、安全確保のため道路の路側帯へ避難し、携帯電話で119番通報を実施した。

　トレーラ荷台部分には、大型の水素ボンベ20本が横置きの２ユニット式で積載されており（図30－1）、この水素ボンベの安全弁が火災熱で作動したことによって放出された水素ガスや車両積載物に火炎が移り炎上した。

　火災現場は、自動車専用道路であるが付近は住宅地であるため、現場付近で大きな音を聞いたという情報が多数確認され、火災覚知時刻付近に司令課あてに15件程度の通報があった。

活動概要

　5時13分に車両火災第一出動の指令を受け、指揮隊や救急隊を含む6隊が出動した。

　最先着のA消防隊（水槽車）は、司令課からの「トレーラ荷台に水素ボンベが積載されている模様であるため活動には十分に留意せよ」との情報を踏まえ、消防車両をトレーラの約100m後方に部署させた。トレーラは両後輪が炎上しており、トレーラ荷台（以下「荷台」という。）が炎に包み込まれ、屋根付近（ベント管）から青い炎が遮音壁上部の高さ付近（約9m）まで勢いよく吹き上がっている状況であった。

　指揮隊が現場到着後にトレーラの運転手と接触、荷台に圧縮水素が注入されている水素ボンベが20本程度積載されている旨の口述を得た。

　A消防隊の隊員は隊長からの指示により、炎上中のトレーラから約5mの距離を取

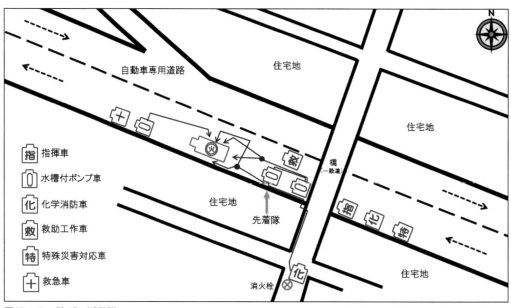

図30－2　防ぎょ活動図

り、空気呼吸器を着装して低姿勢でトレーラ右後輪周辺への注水を実施したが、消防車両積載水のみでは火勢鎮圧には至らなかった。

　後着消防隊の協力により、自動車専用道路上を横断する一般道路の橋付近にある公設消火栓から水管延長しA消防隊へ中継ラインが形成されたため、トレーラの両後輪周辺の火勢を鎮圧するとともに、トレーラの屋根から噴出していた炎は収まったが、荷台の水素ボンベ付近はパンチングメタル（荷台の側面を通気用の小さな穴が開いた鋼製板で

写真30－1　車両前面の状況

写真30－2　車両後面の状況

覆っているもの（写真30−4））で覆われていて消火活動が思うように進まず、荷台と荷台天井に対して噴霧の冷却放水を継続した。

　放水開始から2時間半以上が経過した8時00分に荷台の火勢が鎮圧したため、特殊災害対応隊によってトレーラ付近の可燃性ガス計測や水素ボンベの温度測定を実施し、再燃の可能性が低いことを確認後、鎮火した。

写真30−3　トラクターの状況

写真30−4　トレーラ右側面の状況

火勢鎮圧	5時33分
鎮 火	8時00分
焼損状況	自動車専用道路上において大型セミトレーラ1台及び遮音壁70㎡焼損

所 見

　火災現場は通行量の非常に多い自動車専用道路で、消火活動を行う隊員のすぐ横で高速走行する車両が多数往来している状況であった。また、火災現場の自動車専用道路上に公設消火栓等はなく、火災現場付近の一般道路には公設消火栓などの水利は多数あるものの、7ｍ程度の高低差があり、放水ラインを形成するだけでも大変であった。さらに、水素という目に見えない気体との闘いで、様々な危険要因が潜む状況下での活動であった。

<table>
<tr><td>31</td><td>船舶（砂利運搬船）火災</td></tr>
</table>

災害概要

港で発生した船舶火災である。

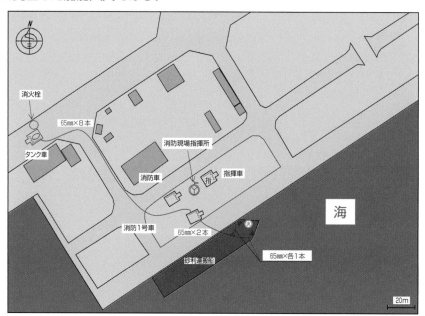

図31−1　防ぎょ活動図

覚　　　知	平成28年3月某日10時59分
気　　　象	天候＝曇、風向＝南南東、風速＝1m/s、気温＝13℃、湿度＝55％、注意報等＝乾燥注意報
発生場所	港
出 動 隊	消防署＝指揮車1台、タンク車1台、ポンプ車2台、消防団＝ポンプ車1台、積載車1台、消防職員15名、消防団員12名
119番通報内容	「船首下階の倉庫出入口から灰色の煙が出ている」
受 傷 者	なし

　管轄の消防署から南西方向へ直線距離で約5kmに位置する港岸壁に係留していた砂利運搬船（3,143t、長さ86.85m、幅16.95m）の船首下階の倉庫内が焼損した火災である。

都市計画法に定める用途地域区分は、指定のない地域となっている。

また、消防水利は、現場を中心として半径140m以内に管径100㎜の公設消火栓が２基あり、火災現場の岸壁まで車両は進入可能で、干潮時でも海水の使用が可能である。

活動概要

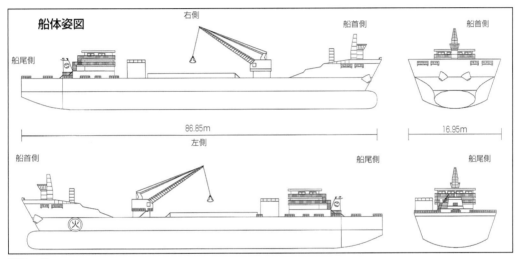

図31-2

写真31-1　現場到着時の状況（白煙の上昇を視認）

写真31-2　船首下階の焼損状況（CAFS消火）

写真31-3　船首下階の配線（焼損）状況

　10時59分に船長から「船首下階の倉庫出入口から灰色の煙が出ている」との通報を受け、消防車両4台で出動した。

　現場到着時の状況は、船首部の区画出入口から白煙が噴出していた（**写真31-1**）。船長及び船員は船内の消火栓で消火活動を実施していたが、最先着の消防隊が緊急避難させた。また、船長から船内の区画・通路等を確実に聴取し、さらに、火点室の状況を確認した。

船内には多量の黒煙が充満しており視界が悪いことから、空気呼吸器を装着し、CAFS消火で船内へ進入するよう、指揮隊長から各隊へ活動方針を示し、統制を行った。

　防ぎょ体制は、火点室に筒先（CAFS）を配備し、包囲隊形を整え延焼防止を図りながら消火活動を実施した。指揮隊は、消防現場指揮所を設置し災害の実態把握を行いながら活動を継続した。

　ポンプ車（CAFS装置付）を使用して泡放水を有効に実施したことから延焼を最小限にとどめることができた。火災は各隊が協力し11時43分、鎮火に至った。

火勢鎮圧	11時43分
鎮　　火	11時43分
焼損状況	港岸壁に係留していた砂利運搬船（船首下階の倉庫部分）
出火原因	船内配線

所　見

　本事例は、燃焼実態の確認が困難であったことから、早期に火災船舶の関係者から的確な情報収集を行えたことが、被害の拡大を防ぐことにつながった。

　船舶火災は、消火活動を行う場所が限定される上、内部区画の確認も難しく、さらに、窓等がないことから建物の地下室同様の活動障害があった。加えて船体の動揺、傾斜があるなど、平地とは異なった防ぎょ活動であった。

　火災の性状としては、内部に高熱や濃煙が充満し、内部区画が複雑で火点確認が困難であることも再認識した。

　また、火災船舶は、浸水による危険性があるほか、過剰注水による沈没のおそれも考慮し放水を実施した。

車両等火災31

139

災害概要

高速道路のトンネル内で発生した車両火災である。

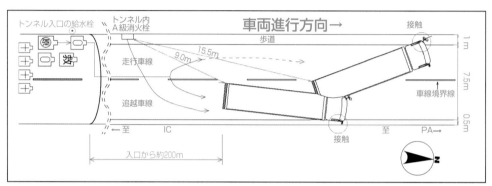

図32-1　活動図

覚　　知	第１報＝平成27年５月某日２時15分（救助覚知）NEXCO直通電話入電 第２報＝同日２時23分（火災覚知）NEXCO直通電話入電
気　　象	天候＝晴、風向＝西南西、風速＝１m/s、気温＝14℃、湿度＝64％
発生場所	高速道路下り、トンネル内
出　動　隊	第一出動＝タンク車１台、救助工作車１台、救急車１台 第二出動＝泡原液搬送車（水５ｔ）１台 第三出動＝タンク車１台、救急車３台 消防職員25名
受　傷　者	なし

トンネル延長＝上り線1,025m、下り線1,042m

トンネル非常用施設（防災等級Ａ級）＝屋外給水栓、Ａ級消火栓、Ｂ級消火栓、消火器、監視カメラ、避難誘導表示灯、非常電話機、避難連絡通路

活動概要

　高速道路下りトンネル内で大型貨物自動車２台の衝突事故が発生し、１名が閉じ込められているとの救助指令により消防隊や救急隊を含む３隊が出動。現場急行途上「トンネルのカメラ映像から煙が見える」との続報により、救助対応から火災対応に切り替え、泡原液搬送車（水５ｔ）が第二出動した。

　現場到着時、トンネル入口からは多量の黒煙が噴出し、大小の爆発音が頻発、照明の消えたトンネル内には、一般車両が数台取り残された状況で、事故車両は視認できなかった。トンネル外には十数名の避難者らしき姿を確認したため、消防力劣勢かつ多数の負傷者が発生する可能性があると判断し増援を要請した。

　トンネル入口の給水栓に水利部署、事故現場までの距離が把握できない状況のため、長距離送水を考慮した資機材を整え、空気呼吸器を着装した隊員がトンネル内へ進入した。進入途上、取り残された一般車両内部を検索、逃げ遅れ者がないことを確認した。約200m進行したところで大型車両２台が炎上していた。炎はトンネル上部に達するほどで、断続的な爆発音に加え防火衣越しに伝わる激しい輻射熱のため接近することができず、要救助者の検索は困難であった。応援隊と協力して放水ラインを分岐、さらに、トンネル内の非常用施設であるA級消火栓を活用し筒先配備の増強を図った。また、活動が長期になると思われたため、交換用空気ボンベの搬送要請を行い、後着の隊員と順次交替しつつ消火に当たった。

写真32－1　現場到着時のトンネル入口の状況

　火災後期、事故車両２台の人命検索を行ったが、要救助者発見に至らず、消火活動と並行してトンネル出口側及び避難連絡通路内の検索活動を実施した。火災鎮火後、高速

141

警察隊から「事故関係者と接触し事故車両の積載物に危険性物質はなく、事故車両の乗員は自力でサービスエリアに避難している」との情報を得て、救急隊が事故車両双方の乗員に接触、負傷等がないことを確認した。

写真32-2　消火活動中の状況

写真32-3　焼損車両の状況

写真32-4　前方車両の状況

写真32-5　後方車両の状況

火勢鎮圧	3時40分
鎮　　火	4時48分
焼損状況	大型貨物自動車2台焼損、トンネル内壁焼損

143

所　見

　本火災は、初期の情報が乏しく、火災発生場所が特定できず、また車両の積載物、正確な負傷者数等が把握できなかった。そのため、災害の規模が予測できず、最悪の事態を想定し現場に向かった。

　ホースライン形成では、火災現場がトンネル入口から約200mであったため延長は比較的容易であったが、現場までが長距離であった場合、ホース延長に労力を要し、空気呼吸器の活動制限等、更に困難な状況であったと感じた。よって、発生場所の特定は必須であり、場合によってはトンネル出口側からのホース延長や反対車線からの避難連絡通路を活用した消火活動も考慮する必要があった。

33 夜間に炎上した船舶火災

災害概要

中間検査中の貨物船から出火した船舶火災である。

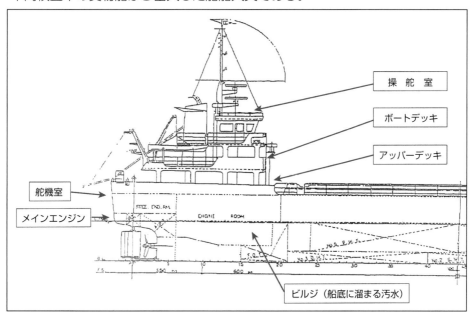

図33-1　船体内の構造階層

覚　　知	平成28年 7 月某日22時27分
気　　象	天候＝晴、風向＝北、風速＝ 3 m/s、気温＝26℃、湿度＝91％
発生場所	造船会社船台上
出 動 隊	タンク車、ポンプ車、指令車、資機材搬送車、消防団積載車等 5 台、消防職員14名、消防団員67名
受 傷 者	なし

　消防本部から北西へ約 5 ㎞に位置し、近くには中学校、周囲には民家も点在する海峡沿いの造船会社である。
　罹災船舶は、平成16年製の全長58.3m、幅9.5m、総重量199 t の貨物船であり、中間検査のため造船会社敷地内の船台上（屋外）へ上架している状態であった。
　船体内は 6 階層の構造からなり、最下層はビルジと呼ばれる水垢などがたまる階層で、そこから上階へとメインエンジン階、舵機室階、アッパーデッキ階、ボートデッキ階となり、最上階が操舵室となっている。

車両等火災33

145

活動概要

22時27分通信指令室から船舶火災との出動指令を受け、第一分隊（タンク車4名）、第二分隊（ポンプ車3名）にて出動した。

出動途上、海峡沿いの現場方向を見ると大きな炎と黒煙が多量に上がっているのを視認し、その旨を通信指令室へ連絡した。

現場到着時、船体は船尾方向から炎と黒煙を上げながら延焼中であった。関係者から状況を聴取したところ「負傷者はなし、危険物は灯油がポリ容器に4本と重油がドラム缶2本、そのほかはない」との情報を得られたので出動隊員へ周知した。

第一分隊は、現場直近から1線延長し、船首付近の仮設階段を上がったアッパーデッキ

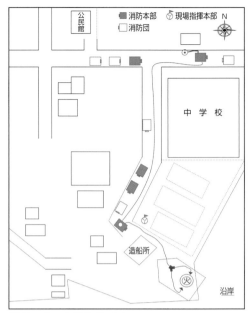

図33-2　火災防ぎょ図

上で2方向へ分岐し居住区外側の左右から船尾に向かい消火活動を開始した。

第二分隊は、現場から240m離れた中学校正門前にある消火栓に水利部署し、第一分隊へ中継送水を開始後、呼吸器等を搬送し各筒先の補助についた。

船台上へ上架している船体であり周囲への延焼のおそれはないが、船内の入り組んだ造りにより消火活動に時間を要すると考えられたため、通信指令室へ増員を要請した。

また、駆けつけていた消防団員には消防車両からエンジンカッターや2連はしご等の資機材の搬送、その後はホースの前進、後退の移動補助に当たるよう依頼した。

写真33-1　操舵室（外観）の焼損状況

アッパーデッキの船尾部分をおおむね鎮圧し、次に鍵の掛かった居住区へ進入しようと施錠部分をエンジンカッターで切断しドアを開放したが、室内は黒煙で視認不可状態であり、さらには熱気が進入を阻み、消火活動は困難を極めた。冷却放水により熱気が少し下がってきたところで、居住区内へ進入し消火活動を行った。

　もう1隊は、2連はしごを使用してボートデッキ階に進入し、重油の入ったドラム缶の冷却作業を行い、後着隊は操舵室内へ進入し消火活動を行った。

写真33-2　アッパーデッキ居住区の焼損状況

写真33-3　操舵室内の焼損状況

多量の黒煙やものすごい熱気、さらには複雑な構造等により消火活動は困難な状況であったが０時50分鎮圧、その後、メインエンジン、舵機室等の排煙を行いながら進入し残火処理を実施した。

　船体が熱せられているため確認に時間を要したが、１時44分に鎮火した。

放水開始	22時47分
火勢鎮圧	翌日０時50分
鎮　　火	翌日１時44分

所　見

　当消防本部のような小規模消防本部は、非番員の増員及び地区消防団との連携が重要であり、本事例も大勢の消防団員が現場へ駆けつけ、現場活動の補助や警戒に就いていただいた。

34 山中に墜落炎上した小型プロペラ機による航空機火災

災害概要

発生確率が低いと考えていた航空機火災である。

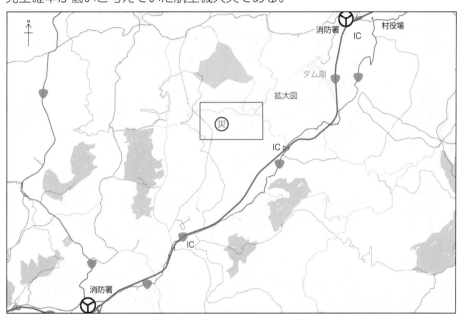

図34-1　現場位置図

覚　　　知	平成29年8月某日12時17分
気　　　象	天候＝晴、風向＝西、風速＝2m/s、気温＝29.9℃、湿度＝60％
発生場所	山林（直近集落から約500m）
出　動　隊	指揮車3台、化学車1台、水槽付ポンプ車2台、ポンプ車2台、救助工作車3台、救急車4台、無線中継車1台、機動調査車1台、その他車両3台 隣接消防本部　指揮車以下10台 消防団車両30台 消防職員90名 消防団員190名
119番通報内容	「飛行機のような物体が山に落ちた。黒煙が出ている」
受　傷　者	2名（航空機の搭乗者）

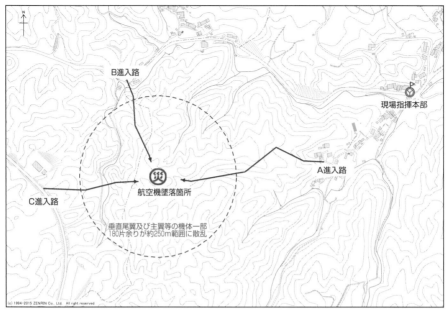

図34−2　現場拡大図及び進入路

　火災現場は、管内北東部の県境に位置する山林で、西隣の市との境界にも当たり、直近消防署から南西に４㎞、隣接消防局の消防署から北東に６㎞に当たる、標高500m前後の山中である。近くの集落からは、道のない沢や尾根を経て約500m分け入った山中の沢部分である。

　「飛行機のような物体が山に落ちた。黒煙が出ている」との付近住民からの第一報をはじめ、周辺域から多数の119番通報が入電し、また隣接する消防本部からも同様に通報情報が入った。遠望による目撃情報での通報であったため、複数の通報内容から災害ポイントを絞り込み、出動指令が下命された。

活動概要

　通信指令センターは、複数の入電を受け「航空機火災第一出動」を指令し、北部方面隊及び消防署の指揮車２台、北部地域の署所を中心に化学車１台、ポンプ車４台（水槽付含む。）、救助工作車３台、救急車４台の合計14隊が出動した。なお、出動途上の中隊長から黒煙上昇の一報及び第二出動要請を受け、「航空機火災第二出動」に切り替えられ、追加指揮隊の中央方面隊はじめ、救急車、無線中継車等、第一出動に追加し合計６隊が増隊出動した。

　この間、通信指令センターでは、正確な災害地点の特定を図るため、12時29分に防災航空隊に対し、上空偵察のため緊急運航を要請した。同44分に消防防災ヘリが航空機の

破片と思われる一部や墜落炎上している機体の一部を上空から確認した。

　現場指揮本部は、現場位置特定のため、ヘリの上空ホバリング位置を目印に、先着部隊が進入したＡ進入路のほかに、進入経路選択に苦慮したものの、地元住民の道案内の下、後着隊をＢ進入路から山中に進入させ、比較的早期に火災現場に到着することができた（図34－２）。

写真34－1　現場指揮本部及び車両集結状況

写真34－2　墜落炎上中の機体（上空からの状況）

火災現場では、エンジンと思われる大破した機体機首部が激しく燃焼し、当初、隊員が携行したジェットシューターで消火を試みたが、航空燃料が燃焼し消火効果が認められなかったため、同じく携行していた粉末消火器（6本）に切り替え消火するも鎮火には至らなかった。そこで、更なる粉末消火器の投入を決定し、車両積載品や地元役場等から数十本の粉末消火器を調達後、ルート確保されていたＣ進入路から現場投入し17時32分に鎮火に至った（図34-2）。

写真34-3　鎮火後の機体、エンジン部の状況

写真34-4　落下していた主翼の一部

なお、両主翼をはじめ垂直尾翼等、機体の構成部品が山中の広範囲にわたり落下している状況であった。消火活動と併せて広範囲での検索活動を実施したが要救助者は発見できず、翌日早朝から検索活動を再開するとともに、国土交通省航空事故調査官及び警察と合同で焼損した機体の調査活動を実施した結果、午前中から昼前にかけて搭乗者2名のご遺体の一部を機体下部で発見した。

　なお、活動中、本事案の社会的影響の大きさから、早い段階で報道ヘリが飛来旋回し、また、指揮本部周辺にもテレビ中継車等が集まり報道対応に追われる状況でもあった。その中で、現地における消防機関同士の連携は図れたものの、火災事案でもあり航空機事故でもあることによる事案対応の違いから警察との報道発表内容のすり合わせに一部齟齬(そご)が生じた面もあり、他機関との合同指揮所運営、情報の共有及び報道対応に課題が残る事案でもあった。

所　見

　本事例は、当消防本部において初めての「航空機火災」であったが、特別な装備や機材を活用したものではなく、活動初期から身近な粉末消火器を有効活用し、早い段階で火災の抑制に成功したことで、周辺林野へ延焼せずに鎮火に至った。ただし、里山ながらもホバリングしたヘリを目印に、広範囲に機体が散乱した山中を検索しながら現場特定を行った活動であったため、初動時において、正確な墜落位置、進入ルートの確定に遅れが生じ、消火活動の開始及び後続の部隊投入に若干時間を要したことも検討課題の一つとなった。

　本事案以降、当消防本部では、上空からの現場特定や俯瞰映像による指揮活動の手段として、通信指令センターへの映像伝送も含めたドローンの運用を開始し、火災をはじめ山間地での各種救助活動にも順次投入し、その有効性を実感している。

車両等火災34

35 大量のわらが堆積した牛舎の火災（消防団との連携事例）

災害概要

大量のわらが堆積した牛舎において発生した火災である。

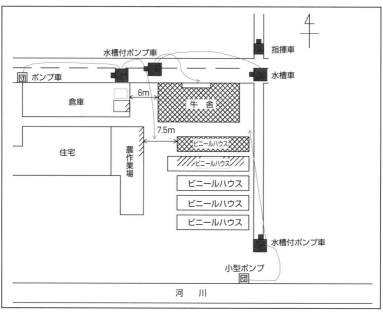

図35-1　火災防ぎょ図

覚　　　知	平成28年2月某日10時08分
気　　　象	天候＝晴、風向＝南、風速＝2.9m／s、気温＝1.4℃、湿度＝67.6%
発生場所	鉄骨造平屋建て牛舎
出 動 隊	指揮車、大型水槽車、水槽付ポンプ車3台、救助工作車、救急車、消防団（ポンプ車14台）、消防職員＝32名、消防団員＝70名
受 傷 者	なし

　火災現場は、管轄の分署から北北西3.5kmに位置し、周囲は田畑に囲まれ、住宅が点在する地域である。

　都市計画法で定める用途地域区分は、指定のない地域となっている。また、水利状況は、火災現場から南側100mに自然水利の河川、東側250mに防火水槽があり、

水利条件はおおむね良好な地域である。

　現場到着時は、火災は最盛期であり、牛舎１棟が延焼中で、建物から炎と黒煙が
噴出していた。牛舎南側にはビニールハウスが数棟建ち、内部には直径１ｍのロー
ル状の干し草が積み上げられ、出火した牛舎に隣接するビニールハウスでは、干し
草全体から火炎が噴出していた。敷地内通路を挟んだ西側に倉庫、さらに、南側に
住宅があり、延焼の危険があった。

活動概要

　指令から８分後の10時19分に最先着隊が現場到着した。関係者の逃げ遅れ者がないこ
とを確認し、西側倉庫と南側住宅の延焼防止活動に当たり、後着隊は、消防団からの中
継送水を受け、包囲隊形をとった。懸命の消火活動により、住宅と倉庫への延焼を阻止
した。

　牛舎には大量のわらが堆積しており、その上に崩落したトタン屋根が覆いかぶさり、
有効な放水ができないため、トタンを除去しながらの消火活動となった。当初は、牛舎
のわらを人海戦術で搬出したが、大量のわらの消火は、一面に広げて水をかけることが
効果的であり、消防団員所有の農業機械を現場投入することで、作業効率が一段と向上
した。

　一方、ビニールハウス内のロール状の干し草は、人の手では搬出できず、こちらも消
防団員所有の大型機械２台を借用しての活動となった。改めて、消防団との連携、信頼

写真35−1　消火活動状況

関係を構築することの重要性を痛感した火災であった。

　日没後は、救助工作車の照明装置を活用して消火活動をしたほか、活動時間が長時間に及ぶため、署員、団員の安全管理、健康管理を考慮し、一斉休憩を行い、また交代要員を配しての活動となった。また、わらと干し草の消火のため、覚知から鎮火まで12時間を超える活動となったが、近隣住民からの炊き出しを受け、小雪が舞うなか、23時04分に活動が終了した。

　牛舎には8頭の牛がいたが、逃げ出せたのは1頭だけで7頭が犠牲となった。

写真35-2　農機具を活用してわらを搬出

火勢鎮圧	12時06分
鎮　　火	23時04分
焼損状況	全焼1棟（鉄骨造平屋建焼損面積264㎡）、部分焼1棟（焼損表面積18.72㎡）、隣接するビニールハウス2棟、車両1台焼損、牛7頭

所　見

　牛舎内で延焼している大量のわらを屋外へ搬出して消火する必要があったため、農業機械を投入し効率化を図った結果、効果的な消火活動ができた。

　また、冬季であり、活動時間が長時間に及ぶことが予想されたため、活動隊員の安全管理及び健康管理を考慮し、休憩や交代等に配意して活動した結果、負傷者及び体調不良者を出すことなく活動を終えることができた。

36 産業廃棄物処理施設において発生した堆積物火災

災害概要

産業廃棄物処理施設で発生した堆積物火災である。

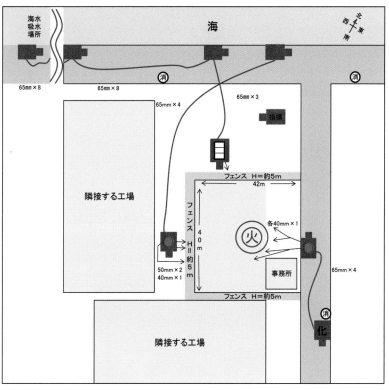

図36－1　活動図（最盛期）

覚　　　知	平成28年1月某日14時52分
気　　　象	天候＝曇、風向＝西南西、風速＝2.9m/s、気温＝5.3℃、湿度86％、注意報等＝なし
発生場所	産業廃棄物処理施設内スクラップ置場
出 動 隊	消防署車両＝指揮車1台、タンク車2台、ポンプ車1台、化学車1台、はしご車1台、救助工作車1台、人員搬送車1台、資器材搬送車2台、消防団車両＝ポンプ車4台、消防職員34名、消防団員50名
受 傷 者	なし

その他火災36

現場は、消防本部から北へ約５㎞に位置する工業地帯にある産業廃棄物処理施設で敷地面積1,650㎡、敷地内に鉄骨造２階建て延べ面積100㎡の事務所があり、水利は半径120m以内に消火栓が３基設置されているほか、北側には潮位次第で海水の取水も可能な場所にある。

　当日は、記録的な寒波の影響で水道管の破裂が町内随所で発生し、取水制限がかけられていた。

　敷地内にある山積みされたスクラップから大量の煙が出ており、風下側（東側）では、その影響で視界もままならない状況であった。

　関係者と接触し「北側に作動油を貯蔵、南側には古タイヤと廃プラを置いている。燃えているのはスクラップで、逃げ遅れ者及びけが人はいない」との情報を聴取した。また、事務所内にいた従業員２名に避難を指示した。

　なお、現場は東側を除く周囲三方が高さ約５ｍのフェンス（鉄板）で覆われている。

活動概要

　東側に４口、北側に２口筒先を配備、東側は大量の煙による視界不良から空気呼吸器を着装し敷地内に進入、隣接する南側工場への延焼防止のため予備注水を併用しながら消火活動を実施するも、山積みされたスクラップ内へ有効な放水ができず火勢は一向に衰えなかった。消火活動は長期にわたる様相で増隊と資機材の増強が要請された。

写真36－１　現場到着時の大量の白煙状況（北側から）

途中、CAFSを使用した泡放水への切替えを考慮したが、燃焼している面積が広く全体を覆うには大量の薬液を必要とするため断念した。

　スクラップ深層部へ有効な放水をするため、現場にあった重機2台を活用し消防隊と連携した消火活動を夜通し行い、入電から約19時間後の翌日9時50分に完全鎮火した。

写真36-2　炎上状況（東側から）

写真36-3　はしご車からの放水

火勢鎮圧	翌日7時30分
鎮　　火	翌日9時50分
焼損状況	焼損面積593㎡

写真36－4　夜間活動（東側から）

写真36－5　鎮火後（南側から）

　本火災では、堆積物中に多種多様なものが混在していたため消火活動中に青白い炎が上がる場面や破裂音が響きわたることがあり、活動に支障を来した。また、堆積物深層にある火源に有効な放水ができなかったため活動は長時間に及び、堆積物火災対応の困難性について痛感させられた。

その他火災36

37 雷により出火した木造図書館火災

災害概要

　全国的にも珍しい木造図書館において、天災（雷）により発生した建物火災で、建物構造の関係上、消火活動が困難であった事例である。

写真37−1　現場到着時の状況（北側）

覚　　　知	平成28年8月某日16時22分
気　　　象	天候＝雷雨、風向＝東、風速＝5m/s、気温＝27℃、湿度＝81%、注意報等＝大雨、雷、洪水注意報
発生場所	木造一部RC造平屋建て図書館
出　動　隊	ポンプ車2台、救助工作車1台、指揮車1台、消防団ポンプ車7台、消防職員23名、消防団員159名
119番通報内容	「図書館の屋根から白い煙が見える」
受　傷　者	なし

現場周辺は、武道館や体育館、小中学校等の教育施設が多くある地域で、道路沿いに建つ図書館はその一画を占めている。道路を挟んで反対側は田園地帯となっていて、付近の水利は消火栓1個、防火水槽1個、その他にも吸水可能な河川がある。

出火建物である図書館は平成8年に建築されたもので、当時としては珍しい木造の図書館である。

活動概要

出動途上「瓦がずれており、屋根から黒い煙と炎も見える。本日は休館日」との第2報が入電した。先着隊が現場到着し、図書館北側の屋切り部分から火煙の吹き出しを、南側の屋切り部分から黒煙の吹き出しを確認した。

写真37-2　落雷したと思われる箇所

火煙の吹き出しのある北側屋切り部分へ棒状注水を実施するとともに内部への進入を試みるも、休館日ということで全ての出入口が施錠されていたため、窓の一部を破壊し内部へ進入した。

内部は本棚が多数設置され、天井面に濃煙が漂っており点検口から内部状況の確認のため進入を試みるが、濃煙熱気が強く足場スペースもないことから進入困難と判断した。その間、外部からの放水は継続しており、併せて蔵書の水損を防ぐため防水シートの展張を実施した。

163

屋内から屋根裏内部への進入が困難なため、屋外からの防ぎょに切り替え屋根瓦を剥ぎ、チェーンソーで構造用合板（野地板）に開口部を作った。

写真37－3　防水シートの展張状況

写真37－4　屋根裏の状況

　開口部から内部状況を確認すると足場となる部分がなく、また、屋根裏の一部区画がRC造で内部進入は困難と判断し屋根上からの放水継続を余儀なくされたことから、吸気側と排煙側の開口部を設定し、噴霧注水を併用するとともに軒側端部には棒状注水を

行い、出火から約２時間後の19時07分に鎮火した。

現場到着	16時30分
放水開始	16時33分
火勢鎮圧	17時20分
鎮　　火	19時07分
焼損状況	図書館棟（木造一部RC造平屋建て、延べ面積1,893.09㎡）半焼
焼損表面積	417.4㎡

所　見

　本火災は、出火時刻の時間帯に落雷が多数発生していること、図書館の屋根に雷が落ち、瓦が飛ぶのを付近の住人が見ていること等から落雷によるものと断定した。

　落雷による大電流が流れたことにより、屋根裏の小屋組材に着火したため、屋外からの注水が届きにくく、また、屋根裏の空間に足場となるものがなく屋根上からの放水継続を余儀なくされたため、鎮火までに時間を要した。

　本火災では、防水シートを展張するに当たり、火災の時期が８月ということもあり、火災後の図書館内の高温多湿の状態を考慮し、ある程度の風通しができるよう防水シートを本棚に掛けたままの状態とした。これにより天井からの水滴は防げたものの、天井高約５mから落ちる水滴の跳ね返りが、本棚下部の書籍に水損をもたらし、約９万冊の蔵書のうち約３万冊が廃棄対象となるという結果になった。

　図書館に限らず、通常の建物火災でも水損には配慮すべきだが、改めて水損防止の重要性を感じた活動であった。

その他火災37

38 軒先に設置された融雪装置に起因した老人福祉施設火災

災害概要

　廃校となった学校施設を再利用して、地域の介護・福祉サービスに応える老人福祉施設へと活用した先駆的な建物で発生したもので、冬季間軒先にできるつらら（氷柱）や雪庇を溶かすために設置された融雪装置（水道管の凍結防止ヒーターのように、電気等の熱源を利用して雪や氷を溶かす装置）に起因した建物火災であり、焼損程度に比較して消火活動に困難を来した事例である。

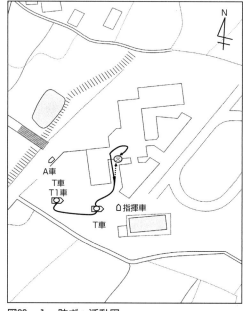

図38－1　防ぎょ活動図

覚　　　知	平成28年1月某日17時02分
気　　　象	天候＝曇、気温＝マイナス0.1℃、湿度＝74.7%、風向＝西、風速＝2.7m/s、注意報等＝大雪、雷、着雪、なだれ注意報
発生場所	木造一部鉄骨造2階建て老人福祉施設
出動隊	指揮車1台、ポンプ車3台、救急車1台、指揮支援車2台、消防団車両9台、消防職員36名、消防団員71名
受傷者	なし

現場は、直近の分署から北東に約９kmの山間部で急傾斜地に立地している老人福祉施設で、周囲に建物等はなく延焼の危険性は比較的少ないものの、その用途から大きな被害となる可能性がある。

　消防水利は、現場を中心に半径140m以内に公設消火栓、防火水槽はなく、唯一ある自然水利についても、吸管を連結しないと揚水できないなど、水利状況は良好とはいえない。

　施設職員が利用者の送迎を終えて施設前に戻ったときに、きな臭さを感じ施設内にいた職員とともに建物の周囲を確認したところ、玄関裏手の２階軒先から白煙が上がっているのを発見、屋内に戻り２階で軒先部分からの煙を再確認し、119番通報した。

　119番通報と同時に、自動火災報知設備の発信機を押して館内に知らせ、施設利用者や職員の避難を促し、直近のスプリンクラー設備の補助散水栓のホースを延長して、屋外から２階の軒先に放水し初期消火を実施していた。一時的には炎は見えなくなったものの、消火には至っていなかった。

活動概要

　最先着の小隊は火点直近に部署した。関係者から避難状況を確認すると、入所者37名全員が大ホールに一次避難完了していた。隊員はホース延長し、施設職員の誘導で火点付近の階段室入口から２階へ進入した。２階室内では、臭いはあるが火炎は確認できな

写真38－１　現場到着時の状況　２階軒先から白煙を確認

167

い状況であった。火点確認のため天井裏に進入し、軒先部分に炎を確認した。初期消火
で使用した補助散水栓を活用し、ホースを天井裏に投入した。屋内の水損防止を図りな
がら狭隘な空間に進入し火点の軒先側に放水したが、梁等が障害となり軒先内部の先端
部分には有効な注水ができなかったため、屋外からの消火活動に切り替えた。

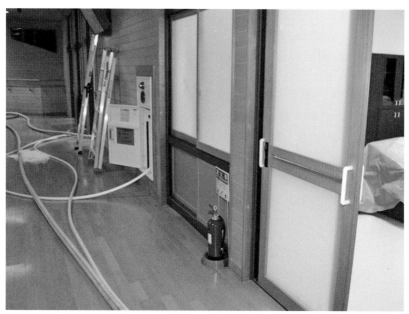

写真38-2　補助散水栓の使用状況と水損防止措置

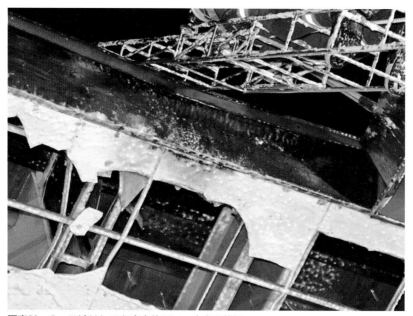

写真38-3　三連はしごを車上伸てい　火点の状況

はしご車を有していない当消防組合は、三連はしごを使用し軒天を破壊後、CAFS放射により鎮圧となった。しかし、変色していた鼻隠し及び屋根先端部のトタンを除去し内部を確認するには、三連はしごだけでは届かず、車上伸ていによる活動を決心した。狭隘な建物の間を除雪しながらポンプ車を軒下に進入させ、車上から三連はしごを架ていし、トタン等を除去して残火処理を実施、鎮火に至った。

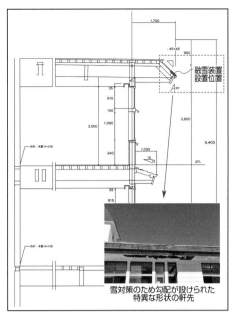

雪対策のため勾配が設けられた
特異な形状の軒先

図38-2　軒先の形状及び高さ

写真38-4　専門家の協力を得ての原因調査

火勢鎮圧	18時12分
鎮　　火	19時15分
建物の構造	木造一部鉄骨造2階建て、建築面積2,136㎡、延べ面積2,539㎡
焼損状況	部分焼1棟（軒先部分・焼損面積3㎡）

その他火災38

所 見

　本事例は、軒先に設置されていた融雪装置に起因した火災で、出火点の確認が困難であったが、関係者からの情報聴取において、そこに何が設置されているのか、どのような構造なのか等の的確な情報収集を行うことができたことで、部分的な破壊と有効な注水が行えた。また、消防用設備等の有効活用はいうまでもなく、防ぎょ活動に大変有効なものだと再認識させられた。

　そして、施設職員が発見・通報・初期消火・避難誘導という一連の行動がスムーズに行えたことは、防火意識の高さと日頃の訓練の成果であったと感じている。

39 山積みとなった金属スクラップの火災

災害概要

金属スクラップ集積場において発生した火災である。

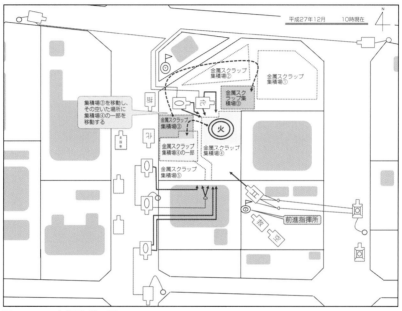

図39-1　火災防ぎょ図

覚　　　知	平成27年12月某日４時43分（出火日の翌日）
気　　　象	（覚知時）天候＝晴、風向＝北西、風速＝１m/s、気温＝5.3℃、湿度＝60.6%
発生場所	金属スクラップ集積場
出　動　隊	指揮車、救助工作車、化学車、水槽車、ポンプ車、はしご車、空気充塡車、救急車　計37台（消防団車両11台含む。）、消防職員延べ231名、消防団員延べ83名
受　傷　者	なし

現場は、消防署から南西へ約5kmの湾岸に位置し、周囲は工場や倉庫等が立ち並ぶ準工業地域内にある金属スクラップ卸売会社である。

当該事業所は、平成19年より創業しており、敷地66,000.51㎡内に2階建て315.51㎡の事務所と金属スクラップ集積場が5か所点在している。

なお、同事業所では、別敷地集積場において過去に3度、火災が発生していた。

活動概要

スクラップが燃えているとの通報を受け指揮車、救助工作車、水槽車、ポンプ車及び救急車の計9台が出動した。

出動途上、出動現場方向に大量の黒煙と火炎の上昇を指揮隊長が確認し、指令センターへ炎上中であることを連絡した。

現場到着時、事業所敷地内において高さ約10mに野積みされている金属スクラップから火煙が噴出中であり、放水開始と同時に高所からの放水が必要なことから、はしご車及び消防隊を増強した。

1時間ほど消火活動を行うも、内部からの燃焼が激しく、有効注水に至らないため、事業所が所有している重機3台を活用して、金属スクラップの山を掘り起こしながらの消火活動となった。

この火災では、消火活動隊員も現場にて交替を行い、車両への燃料補給は民間事業所へ依頼し活動を続けるも、一向に火勢が収まらず、隣接事業所への延焼危険もあること

写真39-1　煙の噴出状況を火元から東へ500mの位置から撮影

写真39－2　はしご車からの高所放水状況

写真39－3　鎮火後の状況（西側から撮影）

から、さらに7台の車両を増強し、筒先数を増やし防ぎょに当たった。

　延焼拡大を阻止するため延焼側の防ぎょ隊形を統制し、放水を行いながら、別に集積されていた金属スクラップを移動させスペースを作り、火点の金属スクラップの山を切り崩しながら大量放水を行った。

　なお、泡原液による消火を試みるも深層部まで浸透せず効果は認められなかったため、引き続き大量放水による活動を行った。

また、消火活動は長時間に及ぶ活動となったため、非番職員を招集し、人員を確保することで隊員の体調管理に努めた。

　翌日、前日から続いた大量放水活動を丸一日かけて行ったことで鎮圧状態となり、覚知から約40時間後に鎮火した。

出火日時	平成27年12月某日16時00分頃
放水開始	翌日5時03分
火勢鎮圧	翌々日12時41分
鎮　　火	同日21時00分
焼 損 物	金属スクラップ約5,000ｔ（高さ約10ｍ×幅約30ｍ×奥行約50ｍ）

所　見

　本火災では、金属スクラップが山積みになっていたため、初期の段階での放水が燃焼物に到達せず、有効な消火活動を行うことに苦慮した。

　また、大量に集積されていた金属スクラップの山を切り崩した後の置場の確保等、様々な問題があり、鎮火に至るまで長時間を要した火災であった。

　この火災により「長時間にわたる災害活動」について、検討会を実施し、活動隊員の労務管理、休息時間の必要性、現場交代時期等、さらに、車両への燃料補給体制の確保、消防車両のDPR（排出ガス浄化装置）の改善等を協議し、その後の対応として、まずは燃料補給の確保として、「災害時における燃料等の供給に関する協定」を市内の事業所と締結した。

　また、金属スクラップを扱う火元周辺事業所6社に対し、「金属スクラップによる火災予防」のチラシを配布するなど、再発防止啓発を行った。

40 山間部で発生した建物火災（ドローンで情報収集した事例）

災害概要

　作業小屋及び周辺林野で発生した火災。本活動は、前年度３月から運用を開始したドローンを初めて災害現場で活用した事例である。

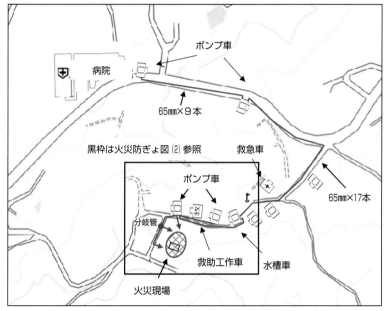

図40-1　火災防ぎょ図(1)

覚　　　知	平成30年３月某日16時10分
気　　　象	天候＝晴、風向＝南西、風速＝3.2m/s、気温＝24.4℃、湿度＝36.3%
発生場所	作業小屋
出　動　隊	ポンプ車６台（うち水槽付４台）、大型水槽車１台、救助工作車１台、救急車１台、指揮車１台、消防団ポンプ車６台、消防職員27名、消防団員22名
119番通報内容	「自宅から見て東側に黒煙が見える。その他詳細については不明」
受　傷　者	なし

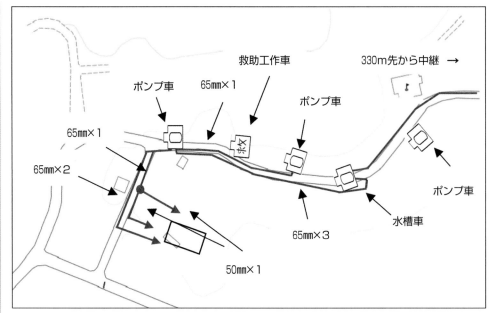

図40-2　火災防ぎょ図⑵

　火災現場は、山間部で、都市計画法による用途地域は「その他の地域」であり、防火地域には指定されていない。直近署所である分遣所から北東方向へ約４㎞に位置し、周辺に民家はなく、ゴルフ場はあるが道路狭隘な場所で、消防水利は、半径140m内に消火栓、防火水槽は存在しない場所である。先着隊現場到着時は雑木林及び下草が炎上中であり、さらに、火災現場を一巡すると、資材置き場と思われる小屋（作業小屋）を確認、鉄柵で隔てられたすぐ東側から幅およそ３m、高さおよそ２mの火炎が立ち上り、周りの林野へ延焼範囲を拡大しつつある状況であった。また、ドローンによる上空からの現場状況確認を実施し、火元と思われる作業小屋以外の火煙は確認できなかった。

活動概要

　「自宅から見て東側に黒煙が見える。その他詳細については不明」との遠隔通報であったため詳細な状況が不明なことから、「その他火災」と判断し水槽付ポンプ車２台、救助工作車１台、救急車１台が出動した。出動途上の中隊長が山林から激しく上昇する黒煙を確認した。火災現場周辺は水利が乏しいと予測し、大型水槽車の出動を下命した。この間、指令センターには、119番通報が多数入電しており、出動途上隊からの情報や通報内容から、大型水槽車１台、ポンプ車２台（うち水槽付１台）を増隊した。

　16時20分に最先着隊が現場到着し付近を一巡すると作業小屋が延焼していた。同時に

ドローンを使用しての現場周辺及び延焼範囲等の確認を行うとともに、作業小屋が著しく延焼していることから、無線にて出動車両へ「建物火災」であることを報告した。さらに、延焼拡大防止及び水利確保のためポンプ車2台（うち水槽付1台）を増隊した。放水隊形は最先着車両から2線延長し、第1線は林野の延焼防止、第2線は作業小屋への放水を行った。その後、第3線を延長し作業小屋北側の延焼防止のため放水を行った。水利の確保が非常に厳しいなか、消防団と連携し、総計29本のホースを延長、ポン

写真40－1　上空から現場西側方向を撮影

写真40－2　上空から現場東側方向を撮影

プ車及び大型水槽車から中継送水を行う等、水利の確保に注意しながらの活動となった。

　本火災では前年度導入したドローンを初めて災害現場へ投入し、上空からの映像を基に、延焼状況の確認、活動の進行状況、火災建物の倒壊危険状況把握、隊員の安全管理、残火鎮圧確認等、より多くの詳細な情報収集を行うことができ、二次災害の防止、消防団への情報伝達等も円滑に行えた。

写真40－3　地上からの現場写真

写真40－4　上空から現場北側方向を撮影

火勢鎮圧	16時34分
鎮　　火	17時25分
建物構造	その他の建築物
焼損状況	作業小屋全焼（延面積19.7㎡）のほか、作業小屋周辺の林野173㎡を焼損

所　見

　ドローンについては、災害現場等での情報収集及び警防本部等への情報配信を目的として整備し、研修や飛行訓練を重ね運用を開始した。飛行時間はデュアルバッテリー1組で約25分、予備バッテリーを含め2時間程使用可能である。送信機は2台で、1台は機体を操縦し、もう1台はカメラ操作をそれぞれ行う設定が可能であるが、もともと映画制作用に開発されたドローンであり、機首がどの方向を向いても被写体を追尾し続けるなどの機能が備わっているため、操作員1名でも操縦とカメラ操作を十分に行うことができる。また、障害物検知・回避システムにより、前方、上方の障害物を検知し、衝突を回避するなど飛行の安全性を高めている。

　現場の映像は、現場指揮所で活用するとともに、指令センター及び警防本部へ配信することができ、災害現場の情報を共有し、円滑な指揮命令の実施が可能となった。

その他火災40

災害概要

鉄筋モルタル造２階建て民宿兼住宅（客室７部屋・喫茶店等）の建物火災である。

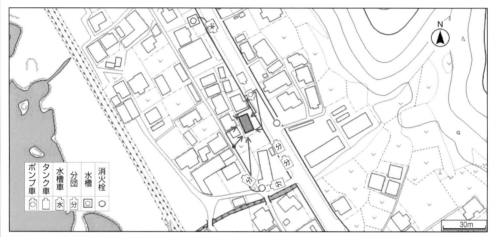

図41－1　火災防ぎょ図

覚　　　知	平成29年１月某日11時20分
気　　　象	天候＝晴、風向＝西北西、風速＝15.8m/s、気温＝15.5℃、湿度＝74%、注意報等＝強風・波浪注意報
発生場所	鉄筋モルタル造２階建て民宿兼住宅
出　動　隊	消防署車両３台＝水槽付消防ポンプ自動車（以下「タンク車」という。）１台、小型動力ポンプ付水槽車（以下「水槽車」という。）１台、消防ポンプ自動車１台、消防団車両４台＝消防ポンプ自動車２台、防災車２台、消防職員８名、消防団員20名
受 傷 者	なし

　火災現場は消防署から南南西に2.5km離れた国道沿いに位置し、周囲には住宅が並んでおり、延焼拡大の危険性が高い地域である。道幅は広く消防車両の接近は可能で消防水利は半径140m以内に公設消火栓２基、防火水槽２基と水利状況も良好である。

　火災発生から10分後、畑仕事から帰宅した女性が自身の所有する休業中の喫茶店

の入り口玄関を開けると黒煙が充満しており西側の台所付近に炎を発見して建物内へ入ったが、煙の勢いが強く初期消火を行うことができなかったため、すぐに屋外へ避難して119番通報した。

　出火建物は、鉄筋モルタル造２階建て民宿兼住宅で、１階西側の台所付近が激しく燃えており、西側に隣接する２階建て家屋の一部に延焼がみられた。なお、出火当日は宿泊客もなく負傷者はいなかった。

活動概要

　建物火災の出動指令を受け、タンク車（３名）・水槽車（２名）の２台で出動すると同時に、３分団と非番隊員の応援出動を指令員に要請した（当消防署は最低人員９名で勤務に当たっており、火災発生時には、通常指令員１名と救急隊長１名を残し７名で出動しているが、この日は救急出動と重複してしまったため、指令員１名を残し５名での第一出動となった。）。

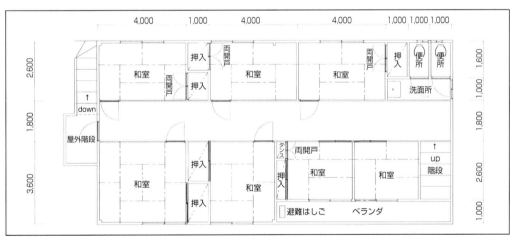

図41-2　２階　平面図

　先着隊が到着したときには北側の玄関付近と東側の喫茶店の入り口等から黒煙が激しく噴出しており、室内の状況は確認できなかった。タンク車は出火建物直近に部署し、水槽車と出火建物東側の消火栓から補水を行い、水槽車はタンク車から約60ｍ後方の防火水槽直近に部署してタンク車に送水を行った。その後、すぐに関係者に接触し聴取したところ、逃げ遅れ者やけが人はいないとの情報を得たことから、延焼防止活動を最優先とした。

　タンク車から２線延長し出火建物西側隣棟への延焼防止と東側の開口部からの放水を開始したが、消防力は劣勢であった。しばらくして分団員と非番職員の応援隊が到着

し、４線追加して出火建物を包囲することができた。

　消火活動開始後も黒煙の勢いは変わらず屋内への進入が困難であったため、救助用送風機を使用しての活動を試みることとなった。救助用送風機の使用場所にあっては、西側からの進入は活動スペースがない狭隘な場所の上、高さ２ｍの段差があり活動危険があった。そのため、西側隣棟への延焼に十分配慮しながら東側の喫茶店入り口から救助用送風機を使用して視界を確保しながら隊員２名が屋内へ進入することとなった。

　噴霧放水と救助用送風機を併用しながら活動を開始すると黒煙と熱風の吹き返しはあったものの活動に支障はなく視界も確保できた。また、西側からは２線で放水していたこともあり排気の影響は認められなかった。視界が確保できたことによって安全に進入しながら延焼箇所への有効注水を行い、出火箇所である台所まで短時間で到達することができた。また、鎮圧までの時間も大幅に短縮することができた。出火箇所を一挙鎮圧すると同時に屋内階段を使い２階客室への進入を開始した。２階廊下、客室には黒煙が充満していたが窓を開放しながら排煙すると一部煤けている部分はあるものの大きな延焼はなく12時45分に鎮火に至った。

図41-３　１階　平面図

火勢鎮圧	12時26分
鎮　　火	12時45分
焼損状況	全焼１棟（延べ面積253㎡）、部分焼１棟（表面積２㎡）

所 見

　当消防本部が管轄する地域は耐火構造の建物は少なく、古くからの町並みや一戸建て木造住宅が多く点在している地域である。そうした中、ごくまれに起きる耐火構造の建物火災で、初めて救助用送風機を使用した事例であった。

　当消防本部のような隔日勤務者が少なく、出張所からの応援がない消防本部では活動する人員に限りがあるため、本事例のように用いる資機材を有効活用することの重要性を改めて認識することができた。

その他火災41

大量放水が必要となる大規模木造建築物火災（消防団との連携事例）

災害概要

　猛暑が続くなか、大量放水が必要となる大規模木造建築物火災において、第二、第三水利が遠距離となる条件下で、消防団との連携により早期に延焼を阻止できた事例である。

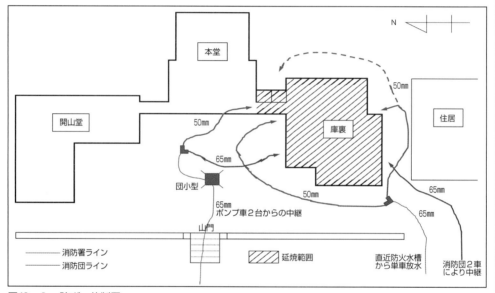

図42－1　防ぎょ体制図

覚　　　知	平成30年8月某日12時39分
気　　　象	天候＝晴、風向＝南南西、風速＝3ｍ/s、気温＝35℃、湿度＝43%、注意報等＝雷・乾燥注意報
発生場所	木造平屋建て寺院
出　動　隊	指揮車1台、救助工作車1台、ポンプ車3台、消防団車両7台、消防職員35名、消防団員80名
119番通報内容	「庫裏が燃えている」
受　傷　者	なし

火災現場は、直近の出張所から南東1.6kmに位置し、寺院西側に南北へ通る狭隘な坂道があり、当該道沿いに住宅が点在する地域である。また、水利状況は直近に防火水槽（40ｔ）、北側250ｍに防火水槽（40ｔ）、南側350ｍに自然水利の谷川があるが、直近以外の水利はいずれも距離があり水利条件は恵まれているとはいい難い。

現場到着時、火災は最盛期であり庫裏が延焼中で火炎が直上し黒煙が南側に流れていた。住職が家庭用ホースにて初期消火を試みるも火勢にあおられ断念した。寺特有の太い柱や梁から勢いよく火炎が噴出し、本堂、裏山への延焼危険大であった。裏山への延焼を考慮し消防防災ヘリを要請した。

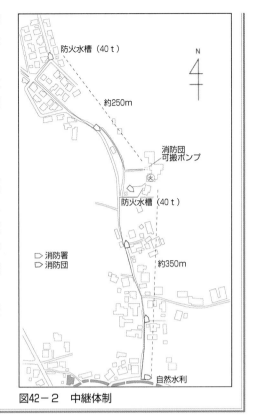

防火水槽（40ｔ）

約250ｍ

消防団
可搬ポンプ

防火水槽（40ｔ）

▷ 消防署
▷ 消防団

約350ｍ

自然水利

図42－2　中継体制

活動概要

12時39分に住職から「庫裏が燃えている」との通報があり一般対象物火災出動により消防車両5台職員19名が出動した。当管轄では、一般対象物火災として通常の第一出動では、ポンプ車2台、救急車1台、救助工作車1台としているが、火災気象通報発表時にはポンプ車を増強すると定めており、当日も火災気象通報発表中であったため、初動でポンプ車1台を増強し対応した。

覚知から7分後の12時46分に最先着隊が現場到着。関係者に逃げ遅れがないことを確認し、直近防火水槽から1線2口を延長し、北側の本堂及び南側の住宅への延焼阻止に当たり、後着隊は北側の防火水槽からポンプ車2台及び消防団の可搬ポンプを中継し2口、南側の自然水利からは消防団車両3台による中継から1口の合計5口で包囲隊形をとった。消防防災ヘリは、搭載する熱画像装置で裏山の中腹から山頂にかけて上空偵察を行い、「延焼なし」を確認し帰投した。

気温35℃の猛暑の中、懸命の消火活動により放水開始から30分後の13時19分に鎮圧し、本堂、住宅への延焼を阻止した。猛暑、熱風により隊員の体力消耗も激しく、軽い熱中症症状を訴えた者もあったが、早めの給水、交代要員の投入が功を奏して大事に至

ることはなかった。

写真42-1　延焼を免れた本堂

写真42-2　上空写真（航空隊撮影）

写真42-3　山に面した庫裏の裏側

放水開始	12時49分
火勢鎮圧	13時19分
鎮　　火	13時55分
焼損建物等の概要	建物＝寺院（木造平屋建て）延べ面積627.02㎡、庫裏220.2㎡（半焼）

所　見

　この火災現場は、管轄署とは別の署が指揮権を持つ特異な地域である。直近の出張所からは1.6kmだが、管轄本署から14km、指揮権を持つ署から12kmといずれにしても後着隊の到着に時間を要する地域であった。

　この地域の消防団は、7分団約100名の消防団員で構成され、ポンプ操法においても県大会上位入賞の常連で防災意識も高く、また、我々消防職員とも訓練等を通じて顔の見える関係が構築されている。当事案のような道路狭隘な地域においてもお互いの進入経路、部署位置等を理解し、混乱を招くことなく消火活動を行った。寺院という大規模な木造建築物火災において本堂・住居をほぼ既存の状態で守ることができたのは、日頃からの関係が良好なあかしであると感じた。

事例執筆協力一覧（順不同）

八雲町消防本部
登別市消防本部
札幌市消防局
旭川市消防本部
釧路市消防本部
つがる市消防本部
秋田市消防本部
奥州金ケ崎行政事務組合消防本部
西置賜行政組合消防本部
栗原市消防本部
吾妻広域消防本部
鹿沼市消防本部
常陸太田市消防本部
船橋市消防局
横浜市消防局
甲府地区広域行政事務組合消防本部
松本広域消防局
富士山南東消防本部
新城市消防本部
飛騨市消防本部
亀山市消防本部
射水市消防本部
白山野々市広域消防本部
かほく市消防本部
鯖江・丹生消防組合消防本部
東近江行政組合消防本部
城陽市消防本部
奈良県広域消防組合消防本部
宝塚市消防本部

笠岡地区消防組合消防本部
鳥取県西部広域行政管理組合消防局
備北地区消防組合消防本部
岩国地区消防組合消防本部
三観広域行政組合消防本部
鳴門市消防本部
室戸市消防本部
苅田町消防本部
伊万里・有田消防本部
県央地域広域市町村圏組合消防本部
人吉下球磨消防組合消防本部
大島地区消防組合消防本部
糸満市消防本部

全国の実例から学ぶ 消防活動事例集
消防最前線 火災編

令和2年4月10日　初　版　発　行

編　　　集／一般財団法人全国消防協会

編集協力／全国消防長会

発　　　行／一般財団法人全国消防協会
　　　　　〒102-8119　東京都千代田区麹町1-6-2
　　　　　アーバンネット麹町ビル
　　　　　TEL　03(3234)1321（代表）
　　　　　FAX　03(3234)1847
　　　　　URL　　https://www.ffaj-shobo.or.jp/
　　　　　E-Mail　ffaj@ffaj-shobo.or.jp

東京法令出版株式会社

112-0002	東京都文京区小石川5丁目17番3号	03(5803)3304
534-0024	大阪市都島区東野田町1丁目17番12号	06(6355)5226
062-0902	札幌市豊平区豊平2条5丁目1番27号	011(822)8811
980-0012	仙台市青葉区錦町1丁目1番10号	022(216)5871
460-0003	名古屋市中区錦1丁目6番34号	052(218)5552
730-0005	広島市中区西白島町11番9号	082(212)0888
810-0011	福岡市中央区高砂2丁目13番22号	092(533)1588
380-8688	長野市南千歳町1005番地	

〔営業〕TEL 026(224)5411　FAX 026(224)5419
〔編集〕TEL 026(224)5412　FAX 026(224)5439
https://www.tokyo-horei.co.jp/

ISBN978-4-8090-2478-8